海伦·凯勒传

美国盲聋女教育家、作家

赵小龙◎编著

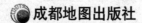 成都地图出版社

图书在版编目（CIP）数据

海伦·凯勒传 / 赵小龙编著. -- 成都：成都地图
出版社, 2018.4 （2023.3重印）
ISBN 978-7-5557-0876-6

Ⅰ. ①海… Ⅱ. ①赵… Ⅲ. ①凯勒(Keller,
Hellen 1880-1968) - 传记 Ⅳ. ①K837.127=533

中国版本图书馆CIP数据核字(2018)第052540号

海伦·凯勒传

HAILUN · KAILE ZHUAN

责任编辑：魏小奎
封面设计：吕宜昌

出版发行：成都地图出版社
地　　址：成都市龙泉驿区建设路2号
邮政编码：610100

印　　刷：三河市同力彩印有限公司
（如发现印装质量问题，影响阅读，请与印刷厂商联系调换）

开　　本：710mm×1000mm　　1/16
印　　张：8　　　　　　　字　　数：120千字
版　　次：2018年4月第1版
印　　次：2023年3月第5次印刷
书　　号：ISBN 978-7-5557-0876-6

定　　价：35.00元

I 导读 >>>>>>
ntroduction

Helen Keller
海伦·凯勒

　　海伦·凯勒（Helen Keller），美国盲聋女作家、教育家、慈善家、社会活动家，主要作品有《假如给我三天光明》《我的生活》《我的老师》等。1880年，她出生在美国亚拉巴马州一个显赫家庭，不到两岁就成了盲聋人，并影响说话能力。后来她逐渐学会手语、盲文，10岁那年，获得短暂的说话能力。1904年，她取得哈佛大学文学学士学位，1924年创设了海伦·凯勒基金会，并加入了美国盲人基金会。她为盲人事业奋斗了终身，赢得了全世界的尊敬。

　　海伦生活在一个人们集中关心经济与政治，却忽视了福利事业的年代，同时，受经济危机和两次世界大战的影响，需要帮助的人越来越多，这正是她后来积极投身慈善事业的原因。海伦还在大学读书的时候，就走访了贫民区，为贫民的疾苦担忧。1907年，海伦出任波士顿盲人特别委员会负责人，积极呼吁人们关注盲人，防治儿童眼疾。她还创立了《盲人世界》《盲人杂志》，为盲人提供知识与信息。她经常四处为残障人士演讲，鼓励他们肯定自己，立志做一个残而不废的人。她身体力行，创设了多家福利机构，为了盲人福利募捐资金，拜见各国政府首脑，呼吁各界社会人士关爱残疾人，请他们重视盲人问题，解除盲人的痛苦。"二战"后，古稀之年的她又拖着病弱之躯，号召人们关注残疾人事业。海伦以自己的爱心，不但给予残障人士十足的信心，更激起各国人士开始重视残障事业，纷纷设立专门的服务机构。

海伦曾经获得多项荣誉。1931 至 1933 年荣获坦普尔大学荣誉学位，1959 年联合国发起"海伦·凯勒"世界运动，1960 年美国海外盲人基金会颁布"海伦·凯勒"奖金，1964 年荣获总统自由勋章。马克·吐温、贝尔博士等对世界有影响力的人物都是她的朋友，俄国的皇帝以及日本的皇后见到她都十分赞佩。她那不屈不挠的奋斗精神，她那带有传奇色彩的一生，永远载入了史册，正如著名作家马克·吐温所言："19 世纪出现了两个了不起的人物，一个是拿破仑，一个就是海伦·凯勒。"

光辉成就的背后，是她所付出的多于正常人数倍的心血和汗水。为了学会说话，海伦不得不重复那些简单的字词，有时候一连几个小时，直到自己满意为止。这样的生活极其枯燥，每天的工作不断重复、重复、再重复。可是这并没有让海伦感到气馁和沮丧，她从不放弃也从不屈服于自己的命运。功夫不负有心人，海伦终于学会了说话！这期间，她所付出的汗水和辛劳是我们常人所无法想象的！海伦并不是一个贪图享乐和安逸的人，她在成名之后还在继续她的艰苦奋斗的生活。海伦 80 岁后，每天起床以后，除了散步、吃饭，大部分时间都坐在书房里工作，而且，每个月至少要到纽约的盲人协会去一次。许多亲友都劝她休养身体，可海伦却说："不，一直到死为止，我都要不停地工作。这是上帝赋予我的任务，也是莎莉文老师对我的期望。"

　　就是这样一个充满爱心、永不懈怠、勇于同命运抗争的姑娘，以自己坚定的意志、永不言弃的毅力、伟大的人格魅力，默默地影响了世界各国人民的思想，使他们不自觉地向海伦看齐。我们相信，海伦的精神将是一朵常开不败的花朵，吸引着我们一次次去聆听她的声音！

目录 >>>> Contents

第一章

Helen Keller

短暂的光明时刻

人生最大的灾难，不在于过去的创伤，而在于把未来放弃。

——［美］海伦·凯勒

▶ 海伦的家庭

1880 年 6 月 27 日，海伦·凯勒出生于一个美丽的庄园——"绿色家园"，时至今日，我们若要追寻海伦生活过的足迹，可以去这个宁静而优美的地方。它是海伦祖父母居住过的地方，也是海伦童年生活的乐园。其中的"常春藤园"更是玲珑别致，诗意盎然，那就是海伦的居所。

海伦的到来为这个家庭平添了很多快乐，父母将所有的爱都倾注在海伦身上。我们知道，通常父母对老人和小孩都有所偏爱，这是正常的也是可以理解的。不同于咱们中国，在 19 世纪末的西方国家，男女平等的意识由来已久，所以海伦并没有受到轻视，相反，面对两个淘气的儿子，父母期望一个文静乖巧的女儿已经很久了。海伦的到来满足了他们的愿望，这个幼女是上帝赐予他们的礼物，他们的重视欣喜之情可以说是难以用言语表达的。

在海伦 6 个月大的时候，她就会发出"你好"的声音，1 岁以前，海伦甚至已经能发出像"水"这样复杂的声音。听着海伦奶声奶气地喊着"爸爸""妈妈"时，爸爸和妈妈都会高兴得满脸笑容。看着海伦逐渐长大，身体一天比一天变得结实，没有什么比这更让海伦父母开心的了。后来，海伦慢慢地长出一颗颗小小的牙齿，她的胃口很好，看着什么都想咬一口，有一次，甚至将爸爸的手指头狠狠地咬在了嘴中，疼得爸爸龇牙咧嘴，也让家人哈哈大笑起来。

她对任何事物都充满了好奇心，常常盯着一样东西看个没完，那种聚精会神的模样好像是在问：为什么会是这样的呢？妈妈每天给她讲各种童话故事。一次，妈妈刚翻开书，海伦看到上面的一个小兔子，便把两只手放到头上做出小兔子的样子。这让妈妈心花怒放，抱起她来亲了又亲。

海伦·凯勒婴儿时

成长关键词

自强、执着、仁爱

刚满周岁，海伦就学会了走路。生日那天，妈妈把她抱出澡盆，放在膝上。她看见树的影子在光滑的地板上一闪一闪的，便滑下膝盖，一步一步、前摇后晃地走着上前去踩踏那些神奇的影子，结果跌倒在地，大哭不止，引得一家人心痛不已。小海伦精力充沛，总是动个不停，每天晚上，爸爸下班回来，她总是第一个颤悠悠地跑上前去迎接父亲。然后，爸爸一把抱起她，高高地抛向空中，再稳稳接住，逗得海伦"咯咯"笑个不停。但是妈妈总是反对爸爸这样做，怕出意外。

渐渐地，海伦长大了，她越来越喜欢到外边去玩。在漂亮的园子里追逐艳丽的蝴蝶，和妈妈在巨大的黄杨树下玩捉迷藏的游戏，这些都成为她最喜欢的。天气好的时候，爸爸就会带着她到院子外面去，绿绿的田野、鲜艳的花朵、清清的河水、悦耳的鸟鸣，这一切总会让小海伦目不暇接，手舞足蹈。

▶ 突然失明

幸福的日子是如此短暂！一个回荡着知更鸟鸣叫的春天，这一切的美好和温暖都被定格在了那个阴郁的二月。没有任何征兆，昨天还活蹦乱跳的海伦突然患病，高烧不退，一下让海伦的家人措手不及。

可是，谁也没有想到，第二天，当海伦清晨醒来时，高烧居然莫名其妙地退了，就像来的时候一样莫名其妙，当母亲惊喜地发现这一情况时，甚至不敢相信自己的眼睛，她马上飞奔着去告诉海伦的父亲，接着这个喜讯迅速飞往了这个庄园的各个角落。昨晚的一场雨后，庄园清新如洗，早起的各种鸟雀正叽叽喳喳地在枝头歌唱。随后，医生也急匆匆地被请来了，他给海伦做了各种诊断，也是一脸的惊异，奇迹就这样发生了，海伦的高烧确实退了。全家人体会到了一种失而复得的欣喜，他们相信这是上天对他们的眷顾。经过这次大病，他们对海伦更加疼爱了。

但是他们却不知道，此时的海伦再也看不见园子里的花红柳绿，再也听不见枝头那悦耳的鸟鸣。海伦那双漂亮的蓝眼睛布满了红红的血丝，而且变得越来越干燥。起初，家里人以为这只不过是生病的后遗症，可渐渐地，他们发现海伦对曾经那么喜爱的光亮越来越排斥，对家人的召唤也变得越来越麻木时，才终于意识到问题的严重性。海伦变成了一个又盲又聋的孩子！

很多年后，海伦仍能够依稀记得那场病，尤其是母亲在她高烧不退，痛苦难耐的时候，温柔地抚慰她，让她勇敢地面对恐惧；

也还记得在高烧退后，眼睛因为干枯炽热，疼痛怕光，必须避开自己以前所喜爱的阳光，面向着墙壁，或让自己在墙角蜷伏着。后来，海伦的视力一天不如一天，对阳光的感觉也渐渐地模糊不清了。

19个月大的海伦从此陷入了无边的死寂和黑暗，她再也看不见他们的"绿色家园"，再也听不见门前的鸟鸣啁啾。但是，这19个月的光明却给海伦留下了一生光明的回忆，她曾经在自传里这样描述："在我生命的头19个月里，我看见过宽阔的绿色田野、光亮的天空、树木和花朵，这些是后来的黑暗不可能完全抹掉的。"

▶ 萦绕着海伦的温暖

海伦的父亲宽容慈爱，十分顾家。除了打猎的季节，他会一直待在家里。他是远近闻名的神枪手，除家人之外，狗和枪是他最爱的东西了。他非常好客，每次回家都少不了带一些朋友。父亲的大园子也一直是他引以为豪的地方，因为他种植的西瓜和草莓是当地最好的。他总是把最好的西瓜、草莓以及最先成熟的葡萄留给海伦。他还经常带着海伦从一棵树走到另一棵树，从一株葡萄走到另一株。这让海伦对自然界、对生命产生了极大的热情。慢慢地，聪明的海伦学会了很多生活上的事。5岁的时候，她就学会了把洗好的衣服叠好，把洗衣店送回来的衣服分类，并能摸出哪几件是自己的。客人来的时候，她知道该怎样出去见面，客人走的时候，她也知道挥手告别。此外，她还能从母亲和姑母的梳洗打扮声上判断出她们是否出门。如果是要出门，她便会要求

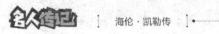

她们带着她。

从门的启闭，她知道是不是有客人来了。有一次，她听见门响，知道家里来了客人，于是便急匆匆地跑到楼上，学着母亲的样子化妆，把一块大大的面纱用发夹固定在头上，遮住自己的小脸，之后，她又把一条肥大的裙子穿在身上。如此装扮好之后，她便下楼帮着接待客人了。这后来成为一家人常常会提起的笑谈。

玛莎·华盛顿比海伦大两三岁，是个善解人意的好姑娘。她与海伦有着一种天生的默契，总能明白海伦的示意动作。她们最喜欢的事情就是到草丛里摸珍珠鸡的蛋。每次只要海伦把手攥在一起放在地上，玛莎就会明白她的意思，随即便跟她一起跑出去。珍珠鸡的窝一般藏在荒僻的草丛里，并不是那么容易就能找到。就算偶尔找到一次，海伦也不会让玛莎把蛋带回家。她总是用有力的手势向玛莎示意，玛莎就会明白这是告诉她：带回去的话，在路上可能会摔跤，把蛋打破。于是她就会小心地把它们放回原处。而下次来的时候，就会先到这个地方看看它们还在不在。

海伦的另一个好伙伴就是老狗贝尔。贝尔很懒，而且很怕冷，平时就喜欢趴在火炉前睡觉。但海伦和玛莎出去玩的时候，贝尔倒是很乐意跟在后面。这时候，海伦就会很认真地教它学手语，但是，贝尔好像一点都不感兴趣。但有的时候贝尔也会一反常态地突然惊起，浑身僵直，激动得全身发抖。海伦不知道这是为什么，只知道贝尔没有听从自己的指挥，于是，便一顿教育，但贝尔并不跟她计较，站起来，伸个懒腰，慢悠悠地换个地方趴下，海伦就会又失望又厌烦地拉着玛莎到别的地方玩去了。后来，海伦才知道，贝尔之所以那样激动是因为它发现了猎物，它曾经可是英勇威猛、风光无限的猎犬啊！

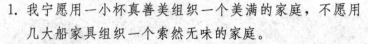

名人名言·家庭

1. 我宁愿用一小杯真善美组织一个美满的家庭，不愿用几大船家具组织一个索然无味的家庭。

——[德] 海　涅

2. 他是世界上最快乐的，因为他的家庭和睦。

——[德] 歌　德

3. 家庭是每个人的城堡。

——[英] 科　克

4. 我之所有，我之所能，都归功于我天使般的母亲。

——[美] 林　肯

5. 家是世界上唯一隐藏人类缺点与失败的地方，它同时也蕴藏着甜蜜的爱。

——[英] 萧伯纳

6. 走遍天涯觅不到自己所需要的东西，回到家就发现它了。

——[英] 莫　尔

7. 母亲不是赖以依靠的人，而是使依靠成为不必要的人。

——[美] 菲席尔

8. 永远记住这点：世上最不平凡的美是家里的美。

——[英] 萧伯纳

9. 欢乐的笑声是家中的阳光。

——[英] 萨克雷

第二章

Helen Keller

师生相遇

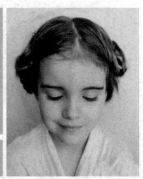

对于凌驾命运之上的人来说，信心就是生命的主宰。

——［美］海伦·凯勒

▶ 相似遭遇

1887 年 3 月的一天，莎莉文，这个与海伦一起光耀史册的女子，由海伦的母亲领着，推开了海伦家的大门。她的手里拿着一封信，那是去年 8 月底，柏金斯盲校校长阿纳戈诺斯先生写给她的：

亲爱的安妮：

别来无恙？寄上凯勒先生的来信，请你仔细看一看，凯勒先生为他又聋又哑又盲的小女儿海伦寻求一位女家庭教师。你有兴趣应试吗？请来信告诉我。请代问霍布金太太好！

祝快乐！

你的朋友：阿纳戈诺斯

就这样一封简短的信，改变了莎莉文，也改变了海伦的命运。安妮·莎莉文，那年才 20 岁，当她读完信后，感觉自己一点儿也不喜欢这份工作。待在南方一个古老小镇上，人生还有什么希望和情趣可言呢？然而，作为一个视力不好的女孩子，从柏金斯盲人学校毕业以后，这是她唯一能就业机会。

去教那个又聋又哑又盲的学生之前，莎莉文需要仔细研究劳拉·布里奇曼的学习资料作为参考。

整整一个秋天和冬天，她都忙于翻阅关于劳拉所有的记录，细心研究。收获令她兴奋不已，但她还是没有信心去接受这

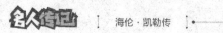

个职位。她知道要与聋哑盲者沟通是一件困难无比的事，然而，她还是并不十分清楚她未来的工作将有多困难。

门被打开后，莎莉文由仆人领着，走进了庄园，也走进了海伦的世界。这时，她看见一个五六岁的小姑娘，正倔强地站在门前，痴痴地望着前方。可是，细心的莎莉文发现，小姑娘的眼睛一片茫然，什么都没有，她是一个盲人。她知道，这就是她以后的学生——海伦。看着海伦黯然无光的眼睛，她的心一颤，过去的记忆像潮水般涌来。

安妮·莎莉文，1866 年 4 月 14 日出生在美国马萨诸塞州西部一个叫食禄岗的小村庄。她的父母是爱尔兰人，那年头，爱尔兰闹饥荒，有 20 多年五谷不收，遍地荒芜。贫困的小佃农家只好把家里东西一样一样地卖掉，卖到最后无立锥之地，穷得三餐不继，饥寒交迫。他们只剩下两条路：留下来等着饿死或远离故乡，漂泊异地另谋生路。

1860 年，逃荒者像澎湃的海浪般涌进美洲新大陆。年初，莎莉文家族的托马斯和爱丽丝夫妇逃离故乡爱尔兰，移民到新大陆。托马斯带着妻子到马萨诸塞州的小农村——食禄岗落脚。他听说此地工作机会较多，容易找到工作，并且很快在附近农庄找到了打短工的工作。开始时莎莉文夫妇还感到孤单寂寞，不久后，爱尔兰人一批接一批，陆陆续续移民到该地。他们觉得此地虽然不是故乡爱尔兰，日子却比故乡好过得多。

1866 年 4 月 14 日，他们生下了第一个孩子，这便是安妮·莎莉文。牧师给小孩子洗礼时问给婴儿取什么名字时，爱丽丝虚弱地微笑低语："简"，"简"是受洗名，但从一开始大家都喊她"安妮"。

莎莉文一家幸福快乐，虽然他们还是很穷，没有多余的储蓄，但已不再挨饿了。

黄昏是一天中最美好的时刻。莎莉文开始学说话，她的父亲便天天讲故事给她听。晚饭后，他拉开椅子，把她抱到膝上，说："今天要听些什么故事？"

父亲讲的每个故事她都喜欢听，其中以《小红帽》为最。其他爱尔兰的童话、民谣、诗歌等，她也都很喜爱。

哄莎莉文上床睡觉前，托马斯常把莎莉文高高举在头上，荡秋千般地摇晃着，或在屋内快步绕圈，逗得女儿咯咯欢笑。这个时候，他总会大声对着莎莉文说："我的小安妮，我们莎莉文家多么幸运！我们有爱尔兰好运保佑，谁敢来欺负我们！"

然而，好日子总是短暂的，莎莉文家的幸运之神开始远离，不再眷顾他们了。

厄运先从莎莉文下手。3 岁未到，莎莉文的眼睛开始发痒，眼皮上长满了细沙状的小颗粒。这些小颗粒由软变硬，由小变大，扎得莎莉文的眼睛又痒又痛。

莎莉文揉了又揉，擦了又擦，结果情形变得更糟糕了。小颗粒并没有因揉擦而消失，反而刺伤了眼球。莎莉文的眼疾一天比一天严重。

莎莉文家并不富有，根本没有钱去看私人医生，只得等候福利机构的巡回医生来带莎莉文去治疗。

他们尝试了许多治疗方法和偏方。听邻居说用天竺葵泡水洗眼睛可以治好，爱丽丝便去摘生长在窗前开着红花的天竺葵叶子，用大锅煮沸。她用这些苦汁洗涤女儿的眼睛，结果莎莉文痛得拼命地哭叫，眼疾依然没有治好。

最后，他们只好带莎莉文去看私人医生。医生翻了莎莉文的眼皮，拿出一把小刮刀，刮着眼皮上的小颗粒。莎莉文痛得尖叫乱抓，医生态度粗暴地喝住："抓紧她，不许动。"

医生的态度非常恶劣，为什么这些付不出医药费的穷人偏爱来找他？他大吼："坐下！坐下！"畏畏缩缩的莎莉文夫妇只敢小

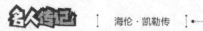

心翼翼紧靠在椅子边。

托马斯毕恭毕敬，走上前去说："大夫，请您帮帮忙，请您治好我女儿的眼睛。"

"给你一些眼药膏，一天涂两次，挺有效的。"医生的话显得颇具权威。

莎莉文夫妇对医生有莫大的信心，于是就安心离去。

望着他们走向街中的背影，医生摇了摇头，叹口气。他知道小女孩的眼睛已经没有痊愈的希望了。

"颗粒性结膜炎（沙眼）"，他不忍告诉他们这个病名。医生情不自禁地摇着头，不要想这些无法解决的问题吧！假如那女孩的父母有钱，她根本不可能染上这种的毛病。"沙眼"偏爱贫民窟，喜欢在肮脏的地区散布。

世事无常，祸不单行。莎莉文感染沙眼后，爱丽丝也生病了。

一天早晨，爱丽丝摸着自己的喉部，觉得酸痛难忍，几天后痛苦不但没减退，反而有些微微发烧。她一天比一天消瘦，身体变得软弱无力。她开始拼命地咳嗽，不用医生说，爱丽丝也知道自己得了什么病。在当时，"肺结核"是专门找穷人纠缠不放的绝症。

时运不济，一波未平，一波又起。过了几天，爱丽丝告诉丈夫："托马斯，我们又有孩子了。"

爱丽丝宣布这个消息时，他们正在吃晚饭。托马斯默然放下刀叉，咽下食物，问道："什么时候生？"

"今年冬天吧，我想可能在圣诞节前后。"

托马斯不屑地啐道："好一个累赘的圣诞礼物。"他狠狠地摔下餐巾，掉头走了出去。爱丽丝长叹一声，怎么能怪她呢？一切都这么不顺心，她的肺病，莎莉文的眼疾，现在又加上一个花钱的婴儿。一个钱不能当两个用啊！

1869 年 1 月，吉米出生了。他一生下来就体弱多病，遗传了母亲的体质，臀部长了一个大大的结核瘤。往后的日子爱丽丝总是脸色苍白，眉头深锁。日后人们告诉莎莉文，她的母亲年轻时多么开朗、爱笑，而莎莉文记忆中的母亲却是苍白、困倦、瘦弱，寂静得像一尊雕像。

这就是莎莉文的家庭，与海伦相比，她可以说是十分的不幸，没有显赫的家世，没有优渥的环境，有的只是饥饿、贫困、疾病与卑微。可上帝并没有因此而对莎莉文大发慈悲。

莎莉文后来能够耐心地对待海伦，包容海伦，与她那曾经的痛彻肺腑的经历有着莫大的关系。很多事，很多痛苦，无论别人怎么给你解释阐明，无论他们的表达能力多么的高超，你自己没有经历过，就没办法明白其中的痛苦。

▶ 幼失庇护

莎莉文是海伦生命中除了父母之外最重要的人。1887 年 3 月 3 日下午，在海伦妈妈的陪同下，莎莉文老师乘马车踏上了来海伦家的乡间小路。

听说莎莉文老师来了，整个庄园都陷入了喜庆之中，这是从远方来的客人，她为海伦带来的是知识和希望。莎莉文老师到了的时候，庄园里所有的人都围拢过来，让莎莉文老师异常地感动。不久，海伦的亲戚也都过来看望这位老师，当然了，他们也给海伦带来了很多礼物。这让已经多年没有感受到亲情的莎莉文老师也觉得暖融融的。要知道，莎莉文老师当初可是对人情的凉薄有着刻骨铭心的体会。

秋天来了，学校要开学了，莎莉文也到了该入学的年龄。一天，她找到苏达希堂嫂，用兴奋而激动的声音颤抖地问："我可不可以去上学？"

"不要做白日梦了。"苏达希嗤之以鼻地说道，"凭你这一双眼睛，一辈子也别想读书、写字。"

圣诞节快要到了，约翰和苏达希几乎每天拿着大包小包的东西，进入前面大客厅。他们将圣诞礼物存放在前厅，所有的小孩都不准踏入。当然莎莉文是唯一的例外，她一再进进出出。

一天，她发现一个非常美丽的洋娃娃，乖乖坐在小椅子上。一双蓝色的大眼睛，满头金色卷发，细瓷做的脸蛋光鲜粉嫩，镶着蕾丝花边的拖地长礼服包裹着她。

从此以后，莎莉文不时溜进去看那个洋娃娃，抱着洋娃娃抚慰、亲吻。圣诞节前的这些相处使她误认为这个洋娃娃非她莫属了。

海伦老师——莎莉文

久盼的佳节终于来到，家里的每个人鱼贯走入大厅。约翰打扮成圣诞老人分发礼物。每一个小孩子都有一份，莎莉文拿到她的一份礼物，看也不看，就把它放在一旁。因为在她的眼里只有那个洋娃娃，她等着抱洋娃娃呢。然而约翰拿起它，给了自己的女儿。

瞬间，莎莉文不敢相信自己的眼睛，她冻住了似的凝然直立。她突然冲出来，一把抢过娃娃，揪住金色卷发，将它狠狠地摔在地上。她发疯似的又摔又踢身边的所有东西。约翰好不容易架住她时，她已毁掉了全家的佳节气氛。

真叫人受不了！于是又开了家族会议，大家一再商量莎莉文的去留。他们已经厌倦了扮演慈善好人的角色了，当初收留孩子只是碍于情面，无法推脱罢了。

不过爱伦姑妈是例外，她说玛丽乖巧可爱，自己喜欢这孩子，愿意继续收养。而吉米臀部的肿瘤病况已越来越严重，她已无法承担医药费。至于莎莉文？没有人能驯服，也就没有人愿意收留他。

约翰夫妇回家前，莎莉文和吉米的命运已定。家族会议决定将他们送到德士堡救济院，从此以后与莎莉文家族的人毫不相干。

这是一所虚有其名的救济院，事实上是无家可归的流浪者的收容所。无依无靠的垂暮老人、精神病患者、醉汉等均是这里的常客。

莎莉文和吉米千里迢迢加入他们之中。第一个晚上，莎莉文姐弟被安排在女宿舍。这一栋宿舍都是生病的老妇人，她们如同幽灵般躺在床上，不在床上时便坐在摇椅里叽叽嘎嘎摇上几个钟头。灰暗的屋里难得有人语声。

在德士堡最初的日子，莎莉文过得快乐无比。她和吉米有东西可吃，各有一张床，可以挪得很近，晚上她可以照料弟弟。居住环境虽然不十分好，白天黑夜常有成群的老鼠出没，但是他们并不在意。吉米还以此取乐，常用扫把追赶老鼠群，玩着猫追老鼠的游戏。

德士堡的冬天来临了。外面酷寒，没有保暖的厚外套，她们只好缩在屋里，不敢出门。在宽敞的女宿舍尽头有一间少有人来的小空房，莎莉文和吉米把这个小房间当成专用游乐室。

"你们怎么……敢在这个屋子里玩？"一位老婆婆显得十分害怕地告诫说。莎莉文领会婆婆的好意相劝，她知道这是停放死尸的太平间。救济院里，人们去世以后，连床一起被推到这一个房间，等候安葬。莎莉文备尝人世无常和辛酸，生与死的日子有什么两样？又何以为惧？

莎莉文喜欢到处闲逛。一天，她发现大厅的橱柜里堆满了一大捆一大捆被老鼠啃过的旧杂志。

"吉米，吉米，快来！我挖到宝了！"他们把一捆捆杂志拖出来，搬到他们的游乐室——太平间里。虽然都不识字，但是他们趴在地上，欣赏书里的图片，流连忘返。

莎莉文把杂志捧到手中，用微弱的视力全神贯注地看着，但光是图片无法让她理解杂志所表达的内容。有时她用手指爱惜地抚摸印在上面的文字，一遍又一遍，乐此不疲。突然，她愤然摔开杂志，紧握拳头，痛捶地板："我要读书，我现在就要读书……"热切的求知欲如火焚心，她无奈地放声大哭起来。

3月走了，4月来了，春天终于来到了德士堡，外面春暖花开。吉米的病一天比一天严重，莎莉文每天早上帮他穿好衣服，从床上小心地搀扶他下来，调好拐杖。"他还能走路，应该不会太糟。"看着日趋病重的弟弟，莎莉文无法面对现实，只好找些理由自我安慰。

或许是因为莎莉文曾经亲身领受到了下层人的痛苦，所以她教出来的学生海伦对于这些人的疾苦也深切地挂怀。一个出身底层的老师，一个出身名门的学生，用自己的爱，为人类谱写了一曲辉煌的诗歌。

名人名言·苦难

1. 年青时没有尝过苦水的人，不能成长。

　　　　　　　　　　——［日本］山本有三

2. 痛苦留给的一切，请细加回味！苦难一经过去，苦难就变为甘美。

　　　　　　　　　　　　　——［德］歌　德

3. 极度的痛苦才是精神的最后解放者，唯有此种痛苦，才强迫我们大彻大悟。

　　　　　　　　　　　　　——［德］尼　采

4. 在任何情况下，遭受的痛苦越深，随之而来的喜悦也就越大。

　　　　　　　　——［古罗马］奥古斯狄尼斯

5. 不经巨大的困难，不会有伟大的事业。

　　　　　　　　　　　　　——［法］伏尔泰

6. 能克服困难的人，可使困难化为良机。

　　　　　　　　　　　　　——［英］丘吉尔

7. 人生布满了荆棘，我们想的唯一办法是从那些荆棘上迅速跨过。

　　　　　　　　　　　　　——［法］伏尔泰

8. 让珊瑚远离惊涛骇浪的侵蚀吗？那无疑是将它们的美丽葬送。一张小红脸体味辛苦所留下来的东西！苦难的过去就是甘美的到来。

　　　　　　　　　　　　　——［德］歌　德

第三章

Helen Keller

改变海伦

心还在，希望便不会消失。

——［美］海伦·凯勒

▶ 顽劣海伦

莎莉文老师离开波士顿时，柏金斯的学生们给了她一个洋娃娃。洋娃娃是大家共同出钱买的，由劳拉缝制了一件漂亮的外衣，是孩子们准备送给海伦的礼物。它静静地躺在老师的皮箱里，而海伦那好动的手，一下子就发现了它。洋娃娃！多么亲切而熟悉的形象。在海伦房间里有一大箱大大小小形状各异的娃娃，海伦用力拉出娃娃抱紧它。

莎莉文老师决定就地取材，教海伦学习拼写。她拉住海伦的手在掌心中拼写"娃娃"。海伦马上抽回自己的手，因为海伦以前一直不习惯别人的抚摸。但海伦的好奇心占了上风，当老师再次拉着海伦的手时，海伦也就慢慢接受了。

"娃娃"，老师一次又一次，重复把这个词描画在海伦的掌中，海伦先是莫名其妙地站着，接着便聚精会神地感触手掌中的描画。

家人也都围了过来询问海伦在干什么。莎莉文老师向海伦的父母解释："我把'娃娃'拼写在她手上，等她会拼这个词时，我就把注意力引到她手上抱着的洋娃娃身上，我要让她心里明白单词和物体的相互关联。"

然后她回头对海伦说："好吧！让海伦多玩一会儿这个游戏。"她伸手拿开娃娃，要海伦在她手中拼写"娃娃"，她要加强海伦将单词与事物联系在一起的能力。

可海伦并不了解这些，海伦只知道这个陌生人从她手里拿走了娃娃。海伦因此生气而涨红了脸，喉咙里发出咆哮声，紧握拳头，转瞬间狂怒、凶悍地扑向莎莉文。

幼年时的海伦·凯勒

莎莉文老师快速地放开娃娃，免得娃娃遭受池鱼之殃。海伦的拳头如雨而下，莎莉文好不容易抓住海伦的双手，使尽全身力气，握住挥动的拳头。

"莎莉文小姐，莎莉文小姐，请把娃娃还给她吧！"母亲恳求道。

"不，不行。"莎莉文老师回答，"她会得寸进尺的，如果她常常这样撒野，我又怎么能教她呢？"

"不给她的话，她不会安定下来，会一直闹下去的。"

"不行。"莎莉文老师一边按住海伦，一边拒绝，"她得听话，她需要服从。"

"可是她从来不知道什么是服从啊！我们没有办法教她懂得这些，莎莉文小姐，求求你给她吧！"

"看来我又多了一样工作。第一步要先驯服她，然后才能教她学习。"

她们都不歇手，继续扭斗，互不相让，最后海伦实在累了，瘫在老师怀中。

"哈！你总算放弃了。"莎莉文老师暗自称快。可她一松手，海伦便抽身飞快地逃出房间。

莎莉文老师知道海伦被宠坏了，家里每个人都同情海伦、让着海伦，5年来，盲目的怜悯、宠爱增长了海伦的任性，使海伦俨然像个小暴君。海伦独自在黑暗中探索，在空寂中奋斗。海伦年幼无知，不懂得如何排遣无法与外界沟通的绝望感，只有用挥拳、踢脚、尖叫、躲避来发泄焦急不安的情绪。

一天，母亲交给海伦一叠干净毛巾，示意拿去给老师。海伦顺从地拿了上楼，半途，海伦把毛巾丢在地上，自己爬上楼，蹑手蹑脚地跑到老师的房间门口。

海伦知道老师在房间里，轻轻地摸索着门，摸到钥匙插在钥匙孔。海伦飞快地转了钥匙，把门锁上，然后拔出钥匙，连奔带跑下了楼，将钥匙塞进大客厅里的一个抽屉下，溜之大吉了。

莎莉文老师被锁在屋里了，她只得大喊大叫，母亲和厨娘跑了过去。"莎莉文小姐，发生什么事了？"母亲从外面喊。

"她把我锁在里面了。"

站在门外的两个女人，不用问也很清楚"她"是谁。

"她看起来挺乖的，怎么会做这种事？"厨娘半信半疑。

"就是她。"老师抑制着怒气，从房里冷冷地回答，"这个小孩该好好管教管教了，请问有没有另外一副备用钥匙呢？"

家里并没有备用钥匙，最后，只好父亲出面。父亲对于莎莉文老师与海伦针锋相对始终难以释怀，认为莎莉文老师不懂得体谅宽容海伦。"我们每个月付她25块钱，她竟笨得把自己锁在房里。"父亲嘲讽地说。他从谷仓拿来长梯，爬到老师房间的窗口，把她扛在肩上，两个人平平安安地下来了。

莎莉文老师羞得满脸通红，既尴尬又恼怒，院子里挤满了看热闹的仆人和帮佣的庄稼汉。众目睽睽之下，一位淑女像一捆棉花般从三楼被扛下来，未免太丢人现眼了。

莎莉文知道，海伦残障、受挫折、自暴自弃、可怜……但是，这个小野兽也被宠得太无法无天了。"我想至少有一件事我不必担心，"莎莉文对海伦的父亲说，"海伦的脑袋。凯勒上尉，不瞒你说，我刚来的时候，还很担心她的病有没有烧坏她的脑袋。还好，小脑袋还是装备齐全，如果不嫌她刁蛮顽皮，她一个人可以抵10个小孩。"

▶ 爱心传递

　　莎莉文老师并没有因为海伦的调皮捣蛋就对海伦心生厌恶，她能够理解海伦，而且她的那颗爱心熠熠发光，真正的爱又怎么会因为对方的一点错误而丧失呢。

　　这个世界固然有悲伤，但是也有快乐，固然有冷漠，但是更有温暖。莎莉文在某些人那里领会到了冷漠，但在另外一些人那里，她又明白了什么是温暖。她记住了这种爱的温暖，并将这种温暖薪火相传。

　　在福利院的一天早晨，莎莉文帮吉米穿衣服，吉米抽咽着哭个不停。他挣开莎莉文的手，颓然倒在床上。邻床的老太婆抬起头，不耐烦地吼叫起来：“你这个女孩子，怎么搞的？你不是照顾他的人吗？还让他整夜哭叫，吵得我无法入睡。”

　　莎莉文很生气地回应：“闭嘴！关你什么事。”

　　“你这个小鬼，恨不得给你一巴掌。”

　　“一巴掌？好哇！”莎莉文两手叉腰，像只斗鸡。吉米爱看热闹，他想站起来，却又倒回床上。“哎哟，好痛！”他疼痛得直呻吟。

　　莎莉文抱着他，安慰说：“过一会儿就会好的，不要担心。”“今天在床上好好休息，明天一定会好的。”然而从此以后吉米再也没有下过床了。

　　他们请来医生，诊断过后，医生将莎莉文叫到大厅，双手轻按莎莉文瘦削的肩膀，慈祥地告诉她：“莎莉文，你要有心理准备。你弟弟没有多少时间了。"

莎莉文目光空洞，一阵冷颤从脊背延伸化成椎心疼痛。怎么办？她不禁嘶声长哮，紧握拳头拼命地捶打医生，直到有人跑过来拖开她。

"够了，够了。"管理员骂着，"再闹就马上把你送走。"

把她送走？就是这一句话打中要害，震慑住了她。她像挨了一记闷棍怔怔地站在那里。以后的日子，莎莉文一直陪着吉米。他们坐在床边，莎莉文讲故事给他听，照料他穿衣、吃东西……吉米痛苦地呻吟时，她细心地抚摸吉米的背，按摩他的腿，试着减轻他的痛苦。直到吉米临终，莎莉文没有过片刻的休息，也从没有安稳地睡过。莎莉文怕一睡，恐怖的事情就会乘虚来袭。小孩子敏锐的直觉告诉她：幽暗的黑夜最是危机四伏，死神会不声不响地悄悄来临，掠夺吉米而去。所以她要清醒着，全力以抗。

然而，当他们推走吉米时，莎莉文却睡着了。

她睁开眼醒来时，宿舍里一片漆黑。她觉得不对劲，却看不到任何东西。莎莉文急急转向吉米的床——竟摸不到床！

恐惧和忧虑慑住她，使得她不停地颤抖。她下了床，摸黑走到太平间。她双脚发软，抖得几乎无法站立，莎莉文一再告诉自己保持镇定。走进去两步，她伸出手，触摸到了吉米的床边铁栏杆。

莎莉文凄厉的哀号惊醒了全宿舍的人。灯亮了，人们跑过来，看到莎莉文一动也不动，像一具尸体昏倒在地。一双仁慈的手把她从地上抱起。

莎莉文错怪了他们，以为最后这一刻，人们要分开她和吉米。她忧伤恼怒，变得像一只猛兽一样凶悍、咆哮，又咬又踢……人们抱起她，与她纠缠了一阵，最后又只好让她躺回地上。

她静下来，像一具木偶直直地躺在地上，一直没有哭泣。多

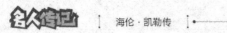

年后她回忆说，当时，她只希望自己死去。那是她生命中一段最悲哀的日子。

逝者已去，生者何堪。宿舍里一位善良的老妇人摇晃着走过来想把莎莉文从地上拉起来。老婆婆费了太大力气，吁吁地喘气。莎莉文听到耳边老婆婆的气喘声，张开眼睛。她一声不响地从地上站起来，将好心的老婆婆挽回床上。

"莎莉文，坐过来。"老人轻拍着她，怜惜地喃喃低语，"尽情地哭吧！宝贝，眼泪可以冲淡人间的哀伤，请相信我。"

莎莉文似乎没有听进去。她呆坐在床边，两眼发直，连眨也不眨一下。

"哭吧！有生必有死，人总是会死的。"老妇人用粗糙的双手安抚莎莉文，缓缓地劝慰着。莎莉文悲从中来，泪水滚落。

吉米去世以后，远离德士堡成为莎莉文唯一的生活目标。

莎莉文知道，走出救济院的大门并不难，难的是在大门外如何生活。她没有家庭，没有职业，外面的工厂里，没有一个人愿意雇用她。年龄太小，视力又差，谁肯雇用这样一个童工呢？

在家靠父母，出外靠朋友。孤苦伶仃的莎莉文，需要朋友援助提携。在这些困苦的日子里，莎莉文终于有了一个真正关怀她的朋友——巴巴拉，德士堡新来的一位神父，他主持女生宿舍每个星期六的祷告和星期天的弥撒仪式。

莎莉文也开始观察这位新来的传教者。每当他们的目光相遇时，莎莉文总是避开他的视线，缄默不语地沉湎于弟弟逝去的悲痛中，她没有心情与任何一个人交朋友。然而每次莎莉文闪开视线的时候，仍然可以感觉到巴巴拉神父和蔼可亲的微笑。

神父亲切的笑容消除了莎莉文的恐惧心。神父一床挨着一床，与人招呼寒暄时，莎莉文就跟在他后面。过了几个月，突然有一天，他们并排走在一起，交谈起来。巴巴拉神父已经成为莎莉文的朋友。

神父要回去时，总要拍拍莎莉文，表示自己的关怀。有一天，他给了莎莉文一个意想不到的许诺。

那时，他们正站在黄色大门边，巴巴拉神父皱着眉看着莎莉文，终于忍不住开口说："莎莉文，你不应该再待在这儿，我要带你离开。"

巴巴拉神父知道莎莉文眼睛视力弱得几乎看不到东西。他有一个朋友，在马萨诸塞州罗威郡的天主教慈善医院当医生，医术非常高明。神父要带莎莉文去看病。在他看来，这位朋友是医治莎莉文眼疾的最佳人选。

医治眼疾是首先要解决的问题，等治疗好眼睛，再给莎莉文找一个地方安顿下来，让她离开死气沉沉的德士堡。

从莎莉文和吉米投奔到德士堡后，整整满一年，巴巴拉神父带着莎莉文离开了德士堡，到罗威郡去找他的医生朋友了。

医生马上安排莎莉文检查眼睛，他告诉神父："我想应该可以给她提供帮助。"他慎重地重复道："应该没有问题，我们能帮她医治好。"

接着，他们马上给莎莉文手术。莎莉文蒙着眼罩，十分胆怯地躺在床上，安安静静地躺了几天。拆线那一天，一群护士拿着药物及仪器，跟着医生走进来，巴巴拉神父也紧跟在他们身后。医生谨慎小心地拿开眼罩，拆开逢线。

医生慈祥地对她说："把眼睛睁开。"莎莉文听到吩咐，期盼使得她心跳加速，几乎跳出喉咙又返回胸腔。然而睁开眼，依然一片朦胧，影像模糊，一切比原来情形更糟。她只能看到微光与灰暗形影。手术没有成功。

"我不想回救济院去了。"莎莉文啜泣不已。

神父安慰她说医生还要给她开刀，于是她又开心起来。因为这样一来，他们就会继续留下她，而不必马上送她回德士堡去了。

莎莉文有生以来第一次接触到有教养而富于同情心的善良的人们。他们也觉得莎莉文聪明伶俐，讨人喜欢。他们关心她，倾听她的心声。

美好时光瞬息即逝。她再开一次刀，又再开一次……一次又一次，没有一次令人满意。最后，医生们认为已尽全力，无能为力了。

医院是患者所住的地方，如今医生诊断莎莉文是眼睛失明而不属于眼科疾病，因此莎莉文必须出院。他们再也找不到借口留下她了。为了传教，巴巴拉神父奉教会之命远调他乡，也无法再顾及她。何处是归处？谁又能收留她呢？

"只好送她回去了。"莎莉文偷听到医生与护士的谈话，她明白这句话的含义。

"请不要送我回去，我不要回去。"莎莉文的哭叫哀求令人心碎，但他们也无能为力。公事公办，他们只能将她带回去。

莎莉文回到德士堡，没有人注意她，更没有人关心她，她觉得自己沉没于永不见天日的黑暗牢笼中。折回德士堡的痛心遭遇引发了她的思考，她更加急切地希望离开德士堡，她立下志愿一定要离开此地。

她没有隐藏自己的心愿。宿舍里的老婆婆们讥笑她："莎莉文，你知道自己是谁吗？你与我们又有什么不同？竟敢奢望离开。"一时间，莎莉文成了这些人冷嘲热讽的对象。

听了这些话，莎莉文十分愤怒："我才不管你们怎么想怎么说，我一定要离开。"

"乖宝贝，离开后，要做些什么？"

"我要上学。"

这个回答令她们哄然大笑。

出于好意，莎莉文的朋友们也希望她能忘掉这个荒唐的想法——离开德士堡。在她们眼里难成事实的幻想更令人伤心。就连她的好友玛琪·卡罗也忍不住委婉地劝告她："莎莉文，你眼睛看不见，怎么在外面生活？德士堡就是你的家，这是天命！"

"瞎子又怎样？我不要住在这里，我要到外面的世界去。我要去上学，不管是什么学校。我才不管上帝怎样想，怎样安排。我永远不会接受。"

"莎莉文，闭嘴！不可以胡说。"莎莉文出口亵渎上帝，令玛琪十分震惊和愤怒。莎莉文也生气地奔出室外，她不愿听玛琪唠唠叨叨的训诫。

日又一日，年复一年。从 1878 至 1880 年，莎莉文还是待在德士堡。她几乎全盲，梦想依然缥缈虚幻，难以实现，有时甚至她自己也怀疑梦想能否成真？

无论如何，她的意志和信念无比坚毅，她一定要离开德士堡。

我们可以从中看出她坚毅的性格，没有这种性格，她要改变自己的人生，改变海伦的性格，都无从谈起。

▶ 海伦爱上了学习

凯勒太太独自坐在大门口的藤棚阴影下，身旁摆着一篮旧袜子，可是她心乱如麻，根本无心缝补。

整个早上，从饭厅传出来的碰撞声令她胆战心惊。难道雇用莎莉文老师来教育海伦错了吗？难道她只能袖手旁观，看着可怜的海伦受尽折磨？

亚瑟说，他受不了餐厅传出来的声音，他坐立不安，不愿待

在家里到现在还没有回来。她料定他回来后一定会说："让她走！"

好在詹姆斯并不跟他爸爸站在同一阵线上。莎莉文老师初来时，詹姆斯对她颇有偏见，他怀疑这个初出茅庐的女孩做得了什么？如今他已另眼相看，重新评估这件事情了——她是管教海伦的最佳人选。只有莎莉文老师能挽救海伦，全家应该尽力留住她。

身为海伦的妈妈——凯蒂自己的想法呢？

"真不知道该怎么办？"凯蒂内心充满了矛盾，十分烦恼。整个下午都心不在焉，不知被针戳了多少次。

当她把篮子推到一边，莎莉文老师正好出现在门口。

"凯勒太太，我到处找你。我们可不可以谈一下？"

凯蒂说："好啊，我也正想和你聊一聊呢！"

莎莉文没有耐心听她的话，抢着说："凯勒太太，我在房里左思右想，要教海伦只有一个方法，那就是海伦得离开家人，否则我帮不了忙，最后怕会两败俱伤。"

"你说什么？"海伦妈妈吓呆了。

莎莉文苦思冥想，想寻找委婉一点的话来表达自己的想法和做法。最后，逼得她没办法，只好实话实说了。

"凯勒太太，在来这里之前，我曾研究过劳拉的病历和学习过程。那时我太单纯，以为一来就可以教海伦与人沟通的种种方法。来了以后才知道她像一匹脱了缰绳的野马。现在最重要的工作是要好好收服她这 5 年来习以为常的刁蛮、任性、不讲理的恶习，要驯服她的野性。"

不待凯蒂开口申辩，莎莉文继续说下去：

"凯勒太太，我知道你们都觉得她很可怜，每次都让着她、纵容她，不分青红皂白，一切都听她的。我很抱歉，这种方法是完全错误的。你们惯坏了她，这是她不听长辈的话、撒泼不驯的原因。请您明白一点，你们这是害她。现在我要她服从，否则让我从何教起？"

"像今天早晨这种事情，一定还会发生。现在有两条路：一条是不管她，随她去，她不明白我的用心，而我又要违背她的意愿，她不再让我接近。这样子下去，她比一只家畜好不了多少。她的存在，充其量像凯勒家的一匹桀骜不训的马罢了！另一条路是……"

凯蒂伤心地哭起来："叫我怎么办？难道一点希望都没有吗？"

"凯勒太太，请不要灰心，她还有一线希望。"莎莉文柔声说道，"如果我们离开这里，就会有转机，会有点希望。如果继续留在这里，她有所依靠，会继续和我争斗下去，然后她会怀恨我。这样子会毁掉她，我也只好卷起铺盖回老家了。"

"凯勒太太，请你答应我，让我带她离开家，单独相处一阵，让我和她能够冷静地互相沟通。让她了解我、信赖我，事情就会有转机。请你答应吧！"

莎莉文坐在椅子上，身体不自觉地往前挪，认真严肃地恳求凯蒂。

凯蒂半信半疑，怔怔地看着她。

"凯勒太太，这是唯一的出路了。"

最后，凯蒂勉强点头答应了。"好吧！"她绷着脸说，"海伦的父亲一定不会同意的，一定会愤怒不平，由我来说服他吧！"

"谢谢你，凯勒太太，我保证一切顺利。我们去哪儿住呢？"莎莉文兴高采烈。

"也许可以住到花园里的小屋子。就在附近，也很方便，虽然只有一间房子，但很整洁。"

"只要有一间就够了，海伦和我可以同住一间。"

如凯蒂所料，凯勒上尉听到这个提议后非常不高兴。他急急忙忙地赶回家来，要开除这个顽固的北方女孩。

　　凯蒂一再重复莎莉文所说的："这是最后的一线希望，这是唯一的一条出路……"她提醒丈夫别无他法。何况花园小屋环境幽静，又近在眼前，让海伦去住一阵子又有什么关系呢？凯勒上尉虽然百般不愿，但拗不过太太的劝说，终于答应了。

　　"只准去住两个星期，听到没有？以两个星期为限。除此之外，要让我们每天能够见到海伦。"凯勒上尉坚持两个星期之内要有成果。

　　莎莉文想："两个星期怎么够？"但她怕凯勒上尉变卦，不愿拂逆他。

　　第二天，新的实验开始，乍看好像没有什么成果。每一回合，海伦都斗到精疲力竭才停下来养精蓄锐，准备下一场战斗。过了三四天后，模式稍有改变。海伦倔强的脾气依旧，但发作的次数渐渐减少。她开始注意周围的事物，同时每天模仿学写一些字。有一天，竟然整天没有发脾气。莎莉文伸手抚摸她也没有抗拒，这是多么令人激动的事情啊！莎莉文的实验总算有一点效果。

　　凯勒上尉把一切看在眼里。一天早上，他从窗外看进去，看到女儿在串一粒粒珠子。第一粒大而粗糙，第二粒小而光滑，第三粒有三个棱角。海伦依着顺序串成串，小心翼翼丝毫不含糊。她兴致勃勃地串着，没有一点错误。

　　"多么安静啊！"凯勒上尉感触良多，"难道我太小看了这个北方女孩？她对自己的所作所为真的很有把握吗？愿上天保佑她！"

　　这个"小野蛮人"学会了服从。在学习过程中，海伦向前迈进一大步。莎莉文稍感宽慰，但没有沾沾自喜。她的目标转向第二个阶段：引导海伦和外面的世界接触，建立关系。

▶ 水涤灵魂

莎莉文坐到海伦旁边，不断地在海伦手里拼字，时时日日，从不间断。过后，海伦把这些字形重拼在等待着的莎莉文手掌中。海伦聚精会神一心一意地学习，终于能拼出21个字，18个名词，加上3个动词了。她会拼娃娃、杯子、钉子、水、帽子等。她越学越快，只是不明白这些字眼有什么特殊意义。

"快快学会吧！海伦，求求你。"莎莉文诚心祈求。花园小屋的两周期限马上就满了，她多么希望海伦能脱颖而出，学有所成啊。她渴望海伦能体会字中所含的意义。

花园小屋的最后一个下午很快来临了，凯勒上尉走进屋里。"莎莉文小姐，我们回家吧！动作快的话，我们还可以赶上晚餐的时间哩！"

海伦·凯勒在学习

海伦正在屋子另外一个角落的火炉旁边玩耍。她突然感觉到空气中不同的振动频率，她抬头嗅一嗅，那是爸爸的气味！她惊喜地叫了一声，纵身投到爸爸怀抱里。

莎莉文转向凯勒上尉，恳求他："请你再给我几天吧！你看得出来她多么惬意，你一定不能相信她学得有多么快。让她集中精

成长关键词

自强、执着、仁爱

Helen Keller

神再学几天就可以告一段落了。"

"再说吧!"凯勒上尉不置可否地说道。

莎莉文心中肯定,他会答应的!莎莉文愉悦地感受着父女重聚的欢乐。

他让她们整理行李一起回家。

这天上午海伦和莎莉文老师为"杯"和"水"这两个字发生了争执。她想让海伦懂得"杯"是"杯","水"是"水",而海伦却把两者混为一谈,"杯"也是"水","水"也是"杯"。老师没有办法,只好暂时丢开这个问题,重新练习"娃娃"这个词。海伦实在有些不耐烦了,抓起新洋娃娃就往地上摔,把它摔碎了,心中觉得特别痛快。莎莉文老师把可怜的洋娃娃的碎片扫到炉子边,然后把海伦的帽子递给她,海伦知道又可以到外面暖和的阳光里去了。

她们沿着小路散步到井房,房顶上盛开的金银花芬芳扑鼻。莎莉文老师把海伦的一只手放在喷水口下,一股清凉的水在海伦手上流过。她在海伦的另一只手上拼写"水",起先写得很慢,第二遍就写得快一些。海伦静静地站着,注意感受她手指的动作。突然间,海伦恍然大悟,有股神奇的感觉在她脑中激荡。海伦一下子理解了语言文字的奥秘了,知道了"水"这个字就是正在她手上流过的这种清凉而奇妙的东西。

水唤醒了海伦的灵魂,并给予海伦希望、快乐和自由。

井房的经历使海伦求知的欲望油然而生。啊!原来宇宙万物都各有名称,每个名称都能启发海伦新的思想。海伦开始以充满新奇的眼光看待每一样东西。回到屋里,碰到的东西似乎都有了生命。海伦想起了那个被她摔碎的洋娃娃,摸索着来到炉子跟前,捡起碎片,想把它们拼凑起来,但怎么也拼不好。想起刚才的所作所为,海伦悔恨莫及,两眼充满了泪水,这是生平第一次。

那一天，海伦学会了不少词，譬如"父亲""母亲""妹妹""老师"等。这些词使整个世界在海伦面前变得花团锦簇，美不胜收。记得那个美好的夜晚，海伦独自躺在床上，心中充满了喜悦，企盼着新的一天快些来到。啊！世界上还有比海伦更幸福的孩子吗？

▶ 渴望读书

对于莎莉文而言，她显然不如海伦幸运，海伦有一个充满爱心又百折不挠的老师，对她进行心智启蒙，而当初莎莉文在救济院，无人注意，只是出于天生的对知识的渴望，她奋力挣扎，走上了求学之路。

当她还在救济院时，一天，她的一位盲人朋友告诉她："莎莉文，我不知道我是否应该告诉你一些事。也许你知道了也于事无补。不过……你听说过有一种为盲人设立的学校吗？"

莎莉文屏住呼吸，迫不及待地问："你的意思是，像我这种人可以在那里读书、写字。"

"一点也没有错，只要你能进去。"

苏达希堂嫂的讥笑仿佛犹在耳边："凭你这一双眼睛，一辈子也别想读书、写字。"

那时候，以她的微弱视力都无法上学，现在的视力比那时更糟，又怎么能读书、写字呢？

德士堡的莎莉文个人资料记载得清清楚楚：盲。想到这些，一团怨怒勃然而出："骗人。你只是寻我开心，残忍地看着我失望。瞎子怎么可能读书、写字呢?"她用手蒙住双眼。

老人摸着莎莉文的手,默默地握了一会儿。

"宝贝,就用这个。"她捏着莎莉文手指,"用你的手指头去触摸凸出来的字,你就可以读。盲人就是这样读书、写字的。"

现在莎莉文终于知道了她该去的地方了,但是该怎么去呢?没有一个人有能力帮助她。外面的世界,她一无所知,又怎么能指望别人来帮助她呢?如何与外界取得联系?她不识字,不会写信,她眼瞎,无法走出围墙,更何况外面的环境如此复杂。

莎莉文日夜思虑着这些难成事实的渺茫希望。

1880 年,机缘巧合,外面的世界突然闯进了德士堡。

马萨诸塞州官员们大多数时候并不关心州立救济院,结果谣言满天飞,攻击他们的救济院环境是如何恶劣、凄惨,不得已他们才组团进行调查,今年要来调查德士堡。

德士堡早就该被调查了。1875 年,在这里出生了 80 个婴儿,冬天过后,只剩下 10 个;建筑物破旧,药物短缺;食物劣质,满是虫子、细菌;院内成群结队的老鼠,白天也猖狂地跑出来抢食、伤人。

德士堡的主管也不是坏人,问题出在州政府一个星期只付给每个贫民 1.75 美元的费用,包含一切衣食住行。主管们也只能以此为限来维持开销,用可怜的资金来支付柴米油盐、生老病死之事。

总算马萨诸塞州慈善委员会听到各种传言,要组团来调查了。年纪大的人并不期望考察团能改善他们的生活。诸如此类的调查以前也搞过,大家看多了。

一群人来了,看到救济院里的贫民在最低的生存条件里苟延残喘,他们摇头、震撼、感叹。他们离去时,口口声声高喊:"需要改善。"然而过后就石沉大海,音信全无。

然而莎莉文却期待奇迹能够出现,一切有所改变。她盼望他们发现她,注意到她——送她去上学。

成长关键词

自强、执着、仁爱

玛琪告诉莎莉文她所听到的消息："这一团的团长叫法郎·香邦，记住他的名字，找到他，或许你就可以离开德士堡。"

莎莉文牢牢记住这个名字。她殷切期盼、久久等待的日子终于到来。

考察团来了，他们四处查看居住环境，提出各种问题，试吃食物，趴下来看看老鼠洞。他们对此恶境感慨，滔滔不绝。莎莉文跟在他们后面，一个小时一个小时，走遍德士堡每个角落。她看不清楚他们，只能摇摇晃晃追踪他们的声浪。在她心中只有一个念头：如何鼓起勇气，向这些贵宾开口。

调查已近尾声，一切即将结束。考察团一群人走到黄色大门口，与德士堡的主管们握手道别。他们马上就要走了，他们永远不会知道，有个叫莎莉文的女孩渴望离此而去。

莎莉文不知道哪一位是香邦先生。为时已晚，良机将失，她没有多余的时间去辨认。

"收获不少。"一个灰色身影这样说。

"我们会尽快作出决定。再见！"另一个人影说着。大门嘎嘎作响，即将徐徐关闭。

她就要失去最后的机会了！突然，她全身投进即将离去的人群中。

"香邦先生，香邦先生！"她向全体团员哭诉，"我要上学，我要上学，请让我上学吧！"她泪水滂沱，声音颤抖。

德士堡主管想把她拖开，一个声音阻止了他："等一等！小女孩，是怎么一回事？"

"我是盲人，看不见东西。"莎莉文结结巴巴地说，"可是我要上学，我要上盲人学校。"

另外一个声音问："她在这里多久了？"

"我不知道。"

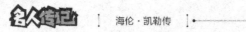

他们又问了一些问题后就离去了。

那一夜，莎莉文含泪入睡，她的"希望"如水中倒影，她确信自己已经完全失败了。

几天以后，一位老妇人步履蹒跚走进女宿舍。

"莎莉文，莎莉文，他们叫我快来找你。快整理好你的衣物，你快要离开这里了。"

香邦先生帮助莎莉文注册入学了。她以慈善机构贫寒学生的身份，去离波士顿20里路的柏金斯盲人学校就读。莎莉文终于如愿以偿，要去上学了。

临行前，朋友们快速地帮她缝制了两件衣裳。多年来莎莉文第一次拥有新衣服——一件是蓝底黑色小花的，另一件是红色的。离别的日子，莎莉文选择了喜气洋洋的红色衣裳。

4年来的朋友们都到大门口来相送。没有人拥抱她，没有人与她吻别，但她们的叮咛诚恳、亲切。

"要做个乖女孩。"

"等你学会写信，一定要写信回来。想想，我们的莎莉文，就要会读、会写……"

"不能像在这里一样，老是爱顶嘴，要听话。"

"回来看看我们。"

车夫老丁扶着她坐在身旁。当马车离开德士堡时，老丁挥了挥手中的马鞭，回头指着徐徐而关的黄色大门："莎莉文，走出这个大门以后，就别再回来了，听到了没？祝你一切顺利！"

对于老丁的话她记得清清楚楚，她将所有的祝福都珍藏内心深处，一生不忘。

1880年10月3日，莎莉文坐着马车驶向了柏金斯盲人学校，驶向了一个新的环境，陌生的生活。莎莉文奔向了她生命中的第二个机会。

▶ 重获光明

成长关键词

↓

自强、执着、仁爱

莎莉文怀着满心的希望到了学校,不过,她虽然是柏金斯盲人学校的一员,然而,无法和其他人平起平坐,完全被包容和肯定,就因为她是救济院送来的贫寒学生。这种身份有时候引起许多不便,给她带来许多尴尬。比如,放寒暑假时,学生们都回家度假,老师也各有自己的假期计划,唯独莎莉文无家可归,经济拮据的救济院不欢迎假期的访客。

找份工作是解决这一问题的唯一办法。莎莉文已经长大了,可以做事了。她虽然眼睛不好,手脚却很灵活,可以胜任一般家务,如果要求不太高的话,是不难找到工作的。

学校帮莎莉文在波士顿南边找到一份整理、清扫旅店的工作,旅店位于城里一条热闹繁华的大街上。莎莉文很快就和客居在这里的人们交上了朋友。在她整理房间时,他们常找她聊天。一位房客注意到莎莉文因眼盲而动作笨拙,便同情地看着飞扬的灰尘熏得莎莉文的眼睛布满红丝,在心里默默地想:"老天!保佑她。"

有一天,他问莎莉文:"你去看过眼科医生吗?"

"看过千万遍。"莎莉文不开心地说。

"难道都医不好?"他追根究底地问。

"都没有用。"莎莉文面无表情地回答,"我点过药,涂过眼药膏,开过6次刀……"

"6次。"触及心结,莎莉文烦闷无奈。

"一点都没有效吗?"

"没有。不要谈这些好不好?"

这位年轻人有个医生朋友,他不忍心看着好好的一个女孩为眼疾受尽折磨。

波士顿

"莎莉文,布来福医生是一个非常高明的医生。"他想说服莎莉文,"也许他可以帮你治好。"

"不要烦我!"刺伤心结的话题,惹得莎莉文几乎恼羞成怒,"没有用的,谢谢你的好意。"

"为什么不去找他呢?我带你去坐公共汽车。"

"不去。"

莎莉文固执地拒绝了他的好意。以前巴巴拉神父不就像这个年轻人吗,他的好朋友不也是高明的眼科医生?!

莎莉文不敢再存有任何希望,她已经无法承受希望的破灭,承受不了失望的打击和摧残。

热心的年轻人没有就此罢休。他三番五次怂恿她、劝说她以至于莎莉文无法再摇头说"不"了。他兴奋地带着莎莉文去找他的朋友了。

布来福医生在诊所里等着他们。医生例行公事,像所有看过莎莉文的眼科医生一样做起了同样的检查。莎莉文呆呆地坐着,往事一幕幕浮上心头。"我在做梦吗?好像以前也做过同样的梦!巴巴拉神父带我到罗威医院,医生亲自检查⋯⋯"

"莎莉文小姐,你太苟待你的眼睛了,好在现在治疗还不至于太晚,我可以帮你医好!"医生充满自信的声音打断了她的回忆。

"我要马上送你去手术室手术。"他接着说,"第一次手术后你的视力不会改变，你回去上学以后要定期回来检查、敷药。等明年夏天的这个时候，我还要给你做一次手术。关键就在此，愿上天保佑我们!"

"真有这样的事?"虽然她心中半信半疑，但还是让布来福医生做了一次手术。冬天过去了，春天如期而至。她遵守诺言，在波士顿城南来来回回，到布来福医生诊所敷药治疗。

来到波士顿的第二个夏天，莎莉文到医院等候布来福医生给她开刀。医生要她躺在床上几天，关照她手术前要调和身心的安宁。医生一再强调，心理因素会影响手术的成败。

"有什么好怕的? 再坏也不过如此，我可不兴奋。"莎莉文已经有些麻木了，反倒是其他人颇为重视这次手术。医生常常进来量她的脉搏，拍拍她，安慰她。那位热心的年轻朋友买了一磅巧克力糖来看她，昨晚护士还送来两碟她爱吃的甜点呢! 难道他们都没有先见之明，预料到这不过是一场空欢喜?

手术的日子终于到来了，莎莉文被推进手术室。手上拿了一条湿巾的护士突然闪到她旁边，俯视着她。

"做什么?"莎莉文惊骇地诘问。

"不要怕，没什么。"护士安抚她，"这是一种新型麻醉剂。放在鼻子上，你闻闻看，就像满园花香，是不是?"

护士将湿巾轻轻遮掩在莎莉文的脸上，她试图挣脱那条令人窒息的湿巾。是花香吗? 不，那是一种令人眩晕害怕的怪异熏气，话到嘴边，她已晕倒在床上，不省人事了。

当她醒过来时，手术已结束了，她的双眼包了一层又一层厚厚的纱布，医生坐在她的身边，嘱咐她尽量少动，保持身心安宁，少讲话，让眼睛充分休息。

莎莉文答应遵守医生的嘱咐。好，暂且做个好女孩吧! 反正再过几天，谜底就会揭晓的。等他来拆绷带，他就会看到一切如

旧，盲人仍然是盲人。

无法逃避的时刻来到了。医生站在病床边，轻轻拉开周边的绷带，莎莉文听到他在说："剪开。"她感觉到剪刀锐利的撕裂声，直到最后的一层绷带脱落……

莎莉文惴惴不安地睁开眼睛。"我看见你了。"她兴奋地大叫起来，几乎从床上滚了下来，她不由自主地绕着床，又叫又跳，绷带散落满地。"我看见窗子，我看见窗子的那一边！那儿有一条河，有一棵树，我看见你了，我可以看见……"

莎莉文伸出手来战战兢兢，不敢相信地自语："我能看见自己的手了。"

她欣喜若狂，但愿这不是一场梦！

1886 年，20 岁的莎莉文顺利毕业了，作为学校的优秀毕业生，她还有机会上台讲话。那个暑假她是和义母霍布金太太一起度过的，但这次却不像以前那样无忧无虑。因为，暑假之后，义母就要回柏金斯盲校继续当义工，自己已经从学校毕业了，该找点什么工作做呢？她想到饭店洗碗，但那里不收女工；她想到街上卖书，但又怕被狗咬。一想到工作的问题，她就坐立不安。转眼到了 8 月底，她接到了柏金斯盲校校长阿纳戈诺斯先生的来信，信中邀请她出任海伦的家教。读完这封信，莎莉文喜忧参半：喜的是自己的工作终于有着落了，忧的是她并不熟悉这份工作。但这是她唯一可以糊口的一份工作了！第二天她便给阿纳戈诺斯校长回了信，表示愿意接受这份工作。

盲人的教育是特殊的，聋人的教育是特殊的，盲聋哑的教育就更为特殊了。为此，莎莉文作了半年的准备，认真学习研究了当年豪博士教育又聋又哑又盲的劳拉·布里奇曼的资料。在学习的过程中，曾经那段失明的经历时时浮现在她的眼前，这让她对这份工作增加了些许不一样的感情。

名人名言·学习

1. 业精于勤而荒于嬉，行成于思而毁于随。

——〔唐〕韩　愈

2. 人生在勤，不索何获。

——〔东汉〕张　衡

3. 非学无以广才，非志无以成学。

——〔汉〕诸葛亮

4. 敏而好学，不耻下问。

——〔春秋〕孔　子

5. 绳锯木断，水滴石穿。

——〔宋〕罗大经

6. 学而不厌，诲人不倦。

——〔春秋〕孔　子

7. 学无止境。

——〔战国〕荀　子

8. 锲而不舍，金石可镂。

——〔战国〕荀　子

9. 要知天下事，须读古人书。

——〔明〕冯梦龙

10. 读一本好书，就是和许多高尚的人谈话。

——［德］歌　德

成长关键词
⬇
自强、执着、仁爱

Helen Keller

波士顿求学

也许人类的悲哀便在于此，拥有的东西不去珍惜，对于得不到的却永远渴望。

——［美］海伦·凯勒

▶ 前往波士顿

成长关键词

↓

自强、执着、仁爱

一年过后，根据海伦的学习现状，莎莉文老师经过深思熟虑，向凯勒先生和太太提出建议，决定送海伦去盲人学校学习。这让凯勒夫妇既欣慰又难过。欣慰的是海伦在这么短的时间内取得了这样大的进步，难过的是海伦要去那么远的地方学习。因为波士顿在美国的东北部，而海伦的家却在东南部。最后，他们还是决定听从莎莉文老师的建议，但提出了这样一个条件：希望莎莉文老师跟随海伦继续做她的家庭教师。

这让莎莉文老师有一些为难，毕竟她还那么年轻，而且口才极好，文笔优美，她的梦想是成为一名成功的作家。如果答应继续做海伦的老师，那么可能一生都会和海伦生活在一起，就不会有那么多精力写作了。这样的人生才更有意义呢？她一时间难以抉择，好几个晚上都没有合眼。

海伦不知道老师内心的矛盾，她理所当然地认为老师会陪她一起去波士顿。她每天都沉浸在即将远行的兴奋中，一有空便禁不住咿咿呀呀地向老师描述自己上次随父亲远行的美好经历，连做梦都是在远行的火车上。梦里醒来，她总会兴奋地跑到莎莉文老师的床边，轻轻地俯下头亲吻老师的脸庞，并用手势告诉老师："老师，我真的非常非常爱您！"

看到海伦对自己如此依赖和信任，这让莎莉文老师很感动。

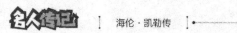

她想：海伦是一个有潜质的孩子，如果发展顺利，将来肯定会成为一个了不起的人。但是，如果在海伦对未来充满这样热切的渴望时离开，让她一个人去适应陌生的环境，肯定会影响她的发展甚至会影响到她的一生。再加上这么长时间的相处，也让莎莉文老师对海伦有着万分的不舍。

"教育好海伦，难道不算是一种人生价值吗？"她转念一想，最后终于下定决心，继续陪伴海伦。此时的她还没有意识到，这个决定将成为她一生的付出。海伦正是因为有了她的帮助，才取得了那些令世人瞩目的伟大成就。

1888 年 5 月，海伦和莎莉文老师以及自己的母亲登上了开往波士顿的火车，这次远行被海伦认为是一生中最重要的事件，从此她开始接受正规的教育，拉开了改变自己人生命运的大幕。

火车终于进站了，她们到达了波士顿。一下车，海伦就喜欢上了这个历史悠久、风景优美、文化氛围浓厚的地方。天性活泼的她对什么都充满了好奇和期待，兴奋地在莎莉文老师和母亲旁边跑来跑去。

她们刚到柏金斯盲人学院，海伦就开始和这里的盲童交朋友了。海伦的兴奋之情溢于言表，因为海伦发现同伴们都懂得用手语交流。能用海伦自己的语言同其他孩子交流真是令人开心！在这之前，海伦一直像个外国人一样，需要翻译才能讲话。劳拉·布里奇曼在这所学校学习的时候，海伦还待在自己的家乡。海伦花了一些时间才意识到自己的新朋友们都是盲人。虽然海伦自己也看不见，但是当海伦被一群热情好客、同样看不见的伙伴们围在身边，尽情嬉戏玩耍的时候，海伦觉得这似乎是不可能的事情。海伦对伙伴们说话的时候，他们不但会把他们的手放在海伦的手上，而且他们还会用手指读书。当海伦发现这一点后，她感到既惊奇又苦恼。尽管家人在来这里之前就对海伦讲过，尽管她知道自己的感官缺陷，可她还是隐约地想到，因为同伴们具有听力所以他们肯定有一种"第二视觉"功能。海伦想，听觉和视觉一样，都是人类弥足珍贵的礼物。但不管怎么说，他们是如此快乐和满足，置身在伙伴们的友谊之中，海伦完全忘却了忧愁和烦恼。

▶ 大海之歌

日子过得真快呀，转眼之间，柏金斯学院就要放暑假了。学校安排海伦到科德角的布鲁斯特，她们的好朋友霍普金斯太太的海滨别墅度假。听到这个消息，海伦高兴得好几天都睡不好觉。因为海伦出生在一个内陆小镇，从来没有呼吸过一丝带咸味的海风，自打上次普利茅斯之行之后，她便深深地爱上了大海。有机会跟大海有这样的亲密接触，是多么幸福的事情啊！况且莎莉文老师早就答应了要教她游泳。

海伦对那个夏天的最生动的记忆就是海洋。她一直生活在内陆，从来没有如此近距离地呼吸过带咸味的空气。但是海伦曾读到过一本厚厚的书，叫作《我们的世界》，书中对于海洋的描述令她产生了十分迫切的想法，海伦渴望能触摸到雄浑的大海，领略到巨浪的咆哮。海伦知道她的愿望终于要实现了，她那颗小小的心脏激动得怦怦直跳。

经过了初次水中历险后，海伦想，如果穿着泳衣坐在一块大礁石上该是多么有趣的事啊，那样海伦就能感受到海浪撞击岩石的气势，四溅的浪花会把海伦彻底浇湿。当滚滚波涛涌向岸边的时候，海伦还能感觉到卵石的撞击声。整个海滩似乎都在遭受着波浪可怕的攻击，空气也变得躁动不安起来。翻滚的大浪先是向后退却汇集，然后再奋力一跃猛扑下来。海伦紧紧地靠在礁石上，既紧张又兴奋，大海的波涛和怒吼令海伦心醉神迷。

或许是用眼过度的原因，本来视力就不好的莎莉文老师在度假期间视力越来越差，有时候甚至看不清任何东西，这让莎莉文老师十分害怕。海伦深切地理解失明的痛苦，她恳请莎莉文老师去治疗。霍普金斯太太也保证一定照看好海伦，莎莉文老师这才决定动身回波士顿。霍普金斯太太没有辜负对莎莉文老师的承诺，每天陪海伦尽情玩耍，睡觉的时候，她还会给海伦讲各种各样的童话。

或许是不想给霍普金斯太太添太多的麻烦，或许是不放心把海伦一个人留在霍普金斯太太家里，莎莉文老师看完病之后就立即从波士顿赶回了布鲁斯特。她还特地给海伦带回了一本有意思的儿童故事书——《方德诺小伯爵》作为礼物。

海伦高兴地迎接了莎莉文老师的归来，像迎接久别重逢的亲人。莎莉文老师把她紧紧地抱在了怀里，眼眶都湿润了。

▶ 学会说话

　　1890 年的春天，海伦开始学习说话。对她而言，能够发声讲话的冲动变得日益强烈。她常会发出一些杂音，会把一只手放在自己的喉咙上出声，而别人则用手感知她嘴唇的移动。她对自己发出的任何声音都感到无比满足，她也喜欢通过触摸感知猫儿"咕噜咕噜"的哼唱，或者是狗儿欢快的吠叫。有时候，她还会把手放在一个歌唱家的喉咙上，或者是一架正在弹奏的钢琴上面。在她失去视觉和听觉之前，她咿呀学语的速度很快，但是在生病之后，她就停止了讲话，因为她什么都听不见。于是，她整天坐在母亲的腿上，还把手放在她的脸上，因为她嘴唇的移动令她兴趣盎然。同时，她也移动自己的嘴唇，不过她早已忘了当时都说了些什么。她的朋友们说，无论是笑是哭，她流露出的情绪都很自然；而且，她还会发出许多声音和模糊的词语。当然，这些声音并不包含与人交流的成分，它只是表明她练习使用发音器官的本能需求。至今她仍然记得学习"水"这个单词的过程。一开始，她总是发出"wa-wa"的声音，显然，这样的发音是令人难以理解的。直到莎莉文老师教她学会用手指拼写后，她便放弃了用发音进行交流的方式。

　　1890 年，刚从挪威和瑞典访问归来的拉姆森夫人来看海伦，她也是劳拉·布里奇曼的授课教师之一。她对海伦讲了拉根

希尔德·卡塔的故事。拉根希尔德·卡塔是一个又聋又盲的挪威女孩，事实上，她已经成功地学会了开口说话。不等拉姆森夫人把女孩的故事讲完，海伦的希望之火就已经燃烧起来了。她下定决心，也要学会开口讲话。于是，在他人的建议和协助下，她的老师把她送到了萨拉·富勒小姐那里，她是霍勒斯·曼恩学校的校长。这位和蔼可亲的女士决定亲自为她授课，1890 年 3 月 26 日是她们的开课日期。

富勒小姐的授课方法是这样的：她把海伦的手轻轻地放在她的脸上，这样，当她发音的时候，海伦就能触摸到她的嘴唇的位置。海伦聚精会神地模仿老师的每一个口形，只用了一个小时，她就学会了六个字母的读音：M，P，A，S，T，I。后来，她天天练习，一有空闲时间就在张口，到最后嘴都肿了。

富勒小姐总共给她上了十一堂课，她永远也忘不了开口说出第一句话时的惊讶和喜悦，那句话是"天很暖和"。当然，这句话说得结结巴巴，但它的确是人类的语言。在灵魂深处，她感受到了一股挣脱了某种束缚的新生力量。此刻，它正在穿越那些断裂的音节，奔向所有的知识和所有的信念。

在自传中她曾这样写道："没有一个认真试图要说出他从来没有听到过的字词的耳聋孩子能够忘记，当他说出第一个字来的时候所体验到的惊奇、激动和喜悦。"

1890 年春天，海伦终于学会了说话，虽然并不是很清楚，但这已经是一个巨大的进步了，她迫不及待地想要回家去。

第四章 波士顿求学

美国盲聋女教育家、作家

名人名言·求学

1. 千里之行，始于足下。

——〔春秋〕老　子

2. 温故而知新，可以为师矣。

——〔春秋〕孔　子

3. 欲穷千里目，更上一层楼。

——〔唐〕王之涣

4. 人非生而知之者。

——〔唐〕韩　愈

5. 书中自有黄金屋。

——〔北宋〕赵　恒

6. 纸上得来终觉浅，绝知此事要躬行。

——〔南宋〕陆　游

7. 读万卷书，行万里路。

——〔明末清初〕顾炎武

8. 社会就是书，事实就是教材。

——［法］卢　梭

9. 知识就是力量。

——［英］培　根

10. 重复是学习之母。

——［德］约瑟夫·狄慈根

成长关键词
自强、执着、仁爱

第五章

Helen Keller

写作之路

我们最可怕的敌人不是怀才不遇，而是我们的踌躇，犹豫。将自己定位为某一种人，于是，自己便成了那种人。

——［美］海伦·凯勒

▶ 初试写信

海伦·凯勒的书信至关重要，对了解她的个人生活而言，这些书信不仅起到了至关重要的作用，而且蕴含了她的思想和价值观的成长过程。可以说，这一过程令她声名卓著。

事实上，从读第一封信起，我们就会感受到这些书信的珍贵价值。其中，最引人注目的是她谈论自己的文字，我们正是通过这些文字了解她的生活状态的。这些书信的数量之多也很令人瞩目。也可以说，这些书信是培养她写作能力的一种训练。

莎莉文老师是从 1887 年 3 月 3 日开始教海伦·凯勒识字的，在海伦的手上拼写了第一个单词。三个半月后，海伦而用铅笔写下了这封信。

给堂姐安娜

（图斯康比亚，亚拉巴马，1887 年 6 月 17 日）

安娜·乔治会给海伦苹果吃；辛普森要去打鸟；杰克要给海伦棒棒糖；医生要给米尔德莱德开药；妈妈要给米尔德莱德新衣服穿。

9 月，海伦的遣词造句能力日渐提高，思想表达范围也更加广泛。

致南波士顿柏金斯学院的盲女同学们

（图斯康比亚，1887 年 9 月）

海伦和老师要去看望小盲女们；海伦和老师要坐蒸汽火车去波士顿；海伦和盲女们可以用手指讲话开玩笑了；海伦就要见到

阿纳戈诺斯先生了；阿纳戈诺斯先生喜欢海伦还会亲海伦；海伦要和盲女们一起去上学；海伦像盲女们一样能读能写能算；米尔德莱德不会来波士顿了，哭了；普林斯和詹宝也会去波士顿；爸爸用猎枪打鸭子来着；鸭子落进水里；詹宝和玛米跳进水里把鸭子叼给爸爸；海伦和狗狗一起玩儿；海伦还和老师一起骑在马背上；海伦给翰狄喂草；老师用鞭子抽打翰狄让它快跑；可是海伦什么都看不见；海伦会把信装在信封里寄给盲女们。

再见！

海伦·凯勒

几个星期后，海伦基本上可以做到准确拼写句子而且也能比较自由地把握文章的节奏。她运用习惯用语的能力有所提高，但是她依旧忽略了冠词的使用，不过这在儿童对话当中十分普遍。

致柏金斯学院院长迈克尔·阿纳戈诺斯先生

（图斯康比亚，1887 年 11 月）

亲爱的阿纳戈诺斯先生，我要给你写一封信。我和老师已经照了一些照片。老师会把照片寄给你。摄影师拍摄照片。木匠建造新房子。园丁挖坑锄地种植蔬菜。我的洋娃娃南希正在睡觉。她生病了。米尔德莱德身体很好。弗兰克叔叔去猎鹿了。等他回家时我们的早餐就会有鹿肉吃了。我骑在手推车的轮子上老师推着我玩儿来着。辛普森给我爆米花和胡桃吃来着。堂姐罗莎回家看她妈妈去了。星期天人们都会去教堂礼拜。我已经读了狐狸和柜子的故事。狐狸能坐在柜子里。我喜欢读我的故事书。你爱我。我也爱你。

再见！

海伦·凯勒

到第二年开始的时候，海伦在习惯用语的使用上更加熟练了，而且出现了更多的形容词，包括有关颜色的形容词。虽然她并不具备感知色彩的经验，但是她却能像我们一样运用大量的词汇，这种心智上的能力无法解释清楚，但的确是事实。下面这封信是海伦写给柏金斯学院的一位同窗好友的。

致萨拉·汤姆琳森小姐

（图斯康比亚，亚拉巴马，1888 年 1 月 2 日）

亲爱的萨拉：

　　我很高兴在今天早晨给你写这封信。我希望阿纳戈诺斯先生很快就会来看我。我要在 6 月份去波士顿，我会给爸爸买一副手套，给詹姆斯买好看的衣领，给辛普森买一对袖口。我见到贝蒂小姐和她的学生们了，她们有一棵漂亮的圣诞树，树上还挂着好多为小孩们准备的可爱礼物。我得到了一个杯子，一只小鸟和几块糖。我也为圣诞节准备了好多可爱的礼物。姑妈给了我一个箱子用来装南希和衣物。我和老师还有妈妈还去参加了聚会。我们跳舞做游戏吃糖吃果仁吃蛋糕吃橘子，我和小男孩小女孩们玩得可好了。霍普金斯夫人送给我可爱的（花）环，我喜欢她和小盲女们。

　　男人和男孩子在工厂里织地毯。羊毛长在羊身上。男人用大剪刀剪羊毛，再把它们送到工厂。男人和女人在工厂里用羊毛做衣服。

　　田野中的棉花挂满枝头。男人男孩子女孩子和妇女们都在摘棉花。我们用棉花纺线做衣服。棉（布）上面印着漂亮的白色和红色的花朵。老师（不小心）把她的裙子撕破了。米尔德莱德哭闹来着。我要照看南希。妈妈要给我买漂亮的新围裙和新衣服，还要带我去波士顿。我和爸爸还有姑姑一起去了诺克斯维尔。贝茜又小又虚弱。汤普森夫人家的鸡杀死了雷拉家的鸡。伊娃在我的床上睡觉来着。我爱这些好姑娘。

　　再见！

海伦·凯勒

▶ 继续前进

在下面这封讲述野餐的信中，我们得以看见莎莉文老师寓教于乐的教学技巧。就是在这一天，海伦掌握的词汇量有所增加。

致迈克尔·阿纳戈诺斯先生

（图斯康比亚，亚拉巴马，1888年5月3日）

亲爱的阿纳戈诺斯先生：

我很高兴在今天早晨给你写信，因为我非常爱你。我很高兴收到你的两封来信，还有你寄来的可爱的书和好吃的糖果。我很快就会去看望你，而且我还要问你好多关于国家方面的问题。你也会喜欢好孩子的。

妈妈正在给我准备去波士顿穿的新裙子，我会以好看的样子去见你还有小男孩和小女孩们。星期五我和老师还有小孩子们去野餐来着。我们在大树下面聚餐做游戏，我们发现了好多蕨菜和野花。我在树林里散步，还知道了好多树木的名字。这些树有白杨和雪松，还有松树、橡树、白蜡树、山胡桃树、枫树。它们为人们留下了舒适的树荫，小鸟喜欢在树林里飞来飞去放声歌唱。野兔子在树林里蹦，松鼠在树林里跑，丑陋的蛇在树林里爬。树林里还种着天竺葵、玫瑰、茉莉花、日本山茶。每天吃晚餐之前我会帮助妈妈和老师给这些花浇水。

亚瑟表兄在白蜡树上给我做了一个秋千。伊娃姑妈已经去了孟菲斯。弗兰克叔叔还在这里，他正在为晚餐采摘草莓。南希又生病了，是新长出的牙让她得了病。艾德琳什么事都没有她星期一可以和我一起去辛辛那提。伊娃姑妈要送给我一个男孩洋娃娃，哈里就要成为南希和艾德琳的兄弟了。我现在累了我要下楼去了。我在信里送给你好多吻和好多拥抱。

你的乖孩子

海伦·凯勒

▶ 成熟的思想

海伦·凯勒在下面这封讲述拜访朋友的信中，显示出了远比一个普通八岁孩子成熟得多的思想。或许，只有在勇敢的年轻绅士面前，她才会展露其乐天的性格。

致凯特·亚当斯·凯勒夫人

（南波士顿，马萨诸塞，1888 年 9 月 24 日）

亲爱的妈妈：

我想你会很乐意听我讲去参观西纽顿的所有事情。我和老师同许多友善的朋友度过了愉快的时光。西纽顿离波士顿不太远，我们坐火车很快就能到那里。

弗里曼太太还有卡莉、埃赛尔、弗兰克、海伦一起在车站上的一个"巨型车厢"里迎接我们。我很高兴见到我亲爱的小朋友们，我同他们一一拥抱亲吻。接着我们乘坐马车游遍了西纽顿的所有风景。我们看到了很多非常漂亮的房子，巨大而柔软的绿草坪围在房子周围，还有很多树木鲜艳的花朵和喷泉。拉车的那匹马的名字叫"王子"，他很温顺，喜欢小跑着走路。到家的时候，我们看到了八只兔子、两只胖胖的小狗，还有一匹漂亮的白色小马驹，两只小猫咪和一只可爱的叫作"唐"的卷毛狗。小马驹的名字叫"莫莉",我美滋滋地骑在她的背上;我一点儿也不害怕,我希望我的叔叔快一点给我买一匹可爱的小马驹和一辆小马车。

克里夫顿没有吻我,因为他不喜欢吻小姑娘。他很害羞。我很高兴弗兰克、克拉伦斯、罗比、埃迪和乔治都不怎么害羞。我和很多小姑娘一块儿玩来着。我骑着卡莉的三轮车采野花吃水果,我骑着车窜来窜去的好像跳舞一样。有很多女士和先生们都来看我们。露西、多拉和查尔斯出生在中国。我出生在美国。阿纳戈诺斯先生出生在希腊。德鲁先生说中国的小姑娘们都不会用手指"讲话",可是我想如果我去中国的时候我就会教她们。有一位中国来的保姆也来看我,她的名字叫"阿苏"。她拿了一只中国的贵妇人穿的鞋子给我看,鞋子很小,因为她们的脚永远也长不大。中国话"阿妈"就是保姆的意思。我们是坐马车回的家,因为那天是星期天,火车通常不会在星期天开动。列车员和火车司机们太累了,他们都回家休息去了。我在车上见到小威利·斯旺了,他给了我一个多汁的梨子,他六岁大。我六岁大的时候都干什么来着?你能让爸爸坐火车来看我和老师吗?伊娃和贝茜都病倒了,我很难过。我希望我能有一个愉快的生日聚会,我想让卡莉、埃赛尔、弗兰克和海伦都来亚拉巴马看我。我回家时米尔德莱德还会和我一起睡觉吗?

送上我深深的爱和一千个吻。

你的可爱的小女儿

成长关键词

↓

自强、执着、仁爱

▶ 技巧提高

　　海伦·凯勒下面的两封信里均出现了外语词汇。其中，第一封信写于海伦参观盲童幼儿园期间，她的家人早在几个月前就谈论过此事，所以这件事已经被深深地埋在海伦的记忆之中。海伦不但消化吸收了这些词汇，还尝试着使用它们。有时候用得很聪明，有时候用得不是很准确。即使她并不完全理解大人们的语言或想法，但是她愿意把它们记下来并认真思考。正是以这种方式，她不但学会了词汇的正确发音，还掌握了用这些词汇表达其个人经验的技巧。另外，信中的"伊迪丝"指的是伊迪丝·托马斯。

致迈克尔·阿纳戈诺斯先生

（罗克斯伯里，马萨诸塞，1888 年 10 月 17 日）

亲爱的阿纳戈诺斯先生：

　　我正坐在窗边，美丽的阳光正照射在我身上。我和老师昨天去了幼儿园。那里有二十七个小孩，他们全都是盲人。我很难过，因为他们什么都看不见。是不是将来有一天他们就能看见东西了？可怜的伊迪丝是个盲人而且又聋又哑。我和伊迪丝一样，你是不是特别为我们感到难过？我很快就能回家看妈妈爸爸还有我可爱乖巧的小妹妹了。我希望你能来亚拉巴马看我，我会带你乘坐我的小马车。我想：你很想见到我坐在小马驹背上的样子。我会戴上可爱的帽子穿上我的新骑士服。如果赶上大晴天，我就带你去见莱拉、伊娃和贝茜。等我长到十三岁的时候，我打算去很多陌生而美丽的国家旅行。我要去挪威看冰雪，还要攀登非常高的大山。我希望我不会摔倒或磕伤我的头。我要去拜访英格兰的"小爵爷方德诺"，他会很乐意带我参观他的古老宏伟的城堡。我们还会追逐野鹿，喂小兔子，捉松鼠。我不会害怕方特勒罗伊身边的大狗"道格"的。我希望方德诺能带我去见一见善良的女王。如果我到了法国我会说法语的。一个法国小男孩会问：你会说法语吗？我就回答说：是的，先生，你的帽子很漂亮。给我一个旗帜。我希望你能和我一起去雅典看望"雅典的女仆"。她是一位非常可爱的女士，我要用希腊语同她交谈。现在我太累了不能再往下写了。我爱你，再见！

你亲爱的小朋友

海伦·凯勒

名人名言·写作

1. 读书破万卷，下笔如有神。

　　　　　　　　　　　　　——〔唐〕杜　甫

2. 为人性僻耽佳句，语不惊人死不休。

　　　　　　　　　　　　　——〔唐〕杜　甫

3. 两句三年得，一吟双泪流。知音如不赏，归卧故
　山丘。

　　　　　　　　　　　　　——〔唐〕贾　岛

4. 所有杰作的秘诀全在这一点：题旨同作者性情符合。
　非凡的激情才能产生卓越的作品。

　　　　　　　　　　　　　——［法〕福楼拜

5. 全世界没有两粒沙子，两只苍蝇，两只手或两个鼻子
　绝对相同。因此，作家在创造每个人物时都必须有
　其特点，决不可以雷同。

　　　　　　　　　　　　　——［法〕莫泊桑

6. 一个作家的风格是他的内心生活的准确标志。作家的
　风格应该是他内心生活的准确标志。一个人若想写出
　明白的风格，他首先就要心里明白；若想写出雄伟的
　风格，他首先就要有雄伟的人格。

　　　　　　　　　　　　　——［德〕歌　德

7. 弹旧调不管弹得多么热情，总有一点学生练习本的味
　道。即使愚笨也好，但必须是你自己的！要有自己的
　气息，自己固有的气息，这一点最重要！

　　　　　　　　　　　　　——［俄〕屠格涅夫

第六章

Helen Keller

融入社会

信心是一种心境，有信心的人不会
在转瞬之间就消沉沮丧。

——［美］海伦·凯勒

▶ 参观芝加哥世博会

1893 年 3 月，海伦和莎莉文老师参观了尼亚加拉瀑布。很多人都很奇怪，像海伦这样又聋又盲的孩子怎么可能领略尼亚加拉瀑布那样壮美的景观呢？但是，对于海伦来说那意味着一切。站在瀑布突出的高崖上，她感受到大地的震动和空气的颤抖，这种势不可当的自然力量，让海伦体会到像"爱""宗教"以及"善良"等那些曾给她以无限的力量却无法用言语表达的词汇。她虽然不能看见这样壮美的景象，但是那种雄壮的感受却深深地刻在了她的记忆里。

这年的夏天，在贝尔博士的邀请和陪同下，海伦还参观了芝加哥的世界博览会。

1893 年的芝加哥世界博览会是为了庆祝哥伦布发现新大陆 400 周年举办的，展示 1842 年以来，美洲所取得的技术进步，故被称为"世界哥伦布博览会"。这次博览会的地点选择在远离市中心的密歇根湖畔，占用了杰克公园 2.7 平方公里的空地，是有史以来占地面积最大的世界博览会。电的发明和应用成为这次博览会最大的亮点，博览会首次采用了人工照明，几十万盏彩灯使得整个展厅流光溢彩，金碧辉煌。此次博览会大获成功，吸引了 2500 多万人前往参观。

海伦的到来受到了热情的欢迎，博览会的总裁希金博特姆先生还特别允许海伦触摸展品，这为她更加真实生动地了解博览会的盛况提供了便利。在那里，一切都使她着迷。她好像进行了一趟奇妙的世界旅行，各种各样的想象都变成了活生生的现实划过她的指尖。特别是法国塑造的铜像，逼真的形象让海伦觉得那是天使下凡，要不然她实在无法想象他们会有那么栩栩如生的表情。

芝加哥世界博览会

在好望角的展台上，海伦还了解了钻石开采的全过程。她伸手触摸了滚动着的机器，以便更清楚地理解怎样称钻石的重量，怎样切割钻石和对钻石抛光。海伦随意地在钻石的淘洗槽中摸出一块，受到工作人员的连声称赞，因为那是美国参展的唯一的一块真钻石。

在人类学的展厅里，最令海伦感兴趣的是古代墨西哥的遗迹以及那个时代留下来的粗糙的石器。石器是远古时代的见证，是文字还没有创立前的人们写下的历史丰碑。埃及的木乃伊也是海伦期待已久的展品，但她没有伸手去摸，只是敬而远之。在这里她了解了很多关于人类发展的知识，其中许许多多都是以前没有学过的。

在世界博览会上参观的这些日子，贝尔博士一直陪同着海伦，他以其特有的方式向海伦描述各种有意思的展品，这让海伦觉得此次旅行格外亲切。在电器展览大厅里，他不但向海伦介绍了电话、自动发电机、留声机等各种电器发明，而且还详细地为她讲解了金属线为什么不受空间、时间的限制将信息发送出去的原理。贝尔博士的亲切和友好成为海伦一生难以忘怀的温暖记忆，他是海伦生命中交往时间最长、感情最好的良师益友。

短短三个星期的时间，海伦受益匪浅。这里不仅让她的词汇库增添了各种新鲜的词汇，而且让她从童话和玩具转向了对于现实世界中真实平凡的事物的热爱。

▶ 与艾恩斯先生的交往

直到 1893 年 10 月，海伦从参观世界博览会的疲劳和兴奋中恢复过来之后，开始在固定的时间上课，学习固定的课程。

有一段时间，海伦和莎莉文老师在宾夕法尼亚州的赫尔顿威廉·韦德先生家做客。他的邻居艾恩斯先生是一位出色的拉丁语学家，于是，就安排海伦跟他学习拉丁语。艾恩斯先生是一位性格温和而又阅历广泛的人，他主要教海伦拉丁语法。起初，海伦对于语法的学习很不情愿，因为她觉得在字的意思很清楚的时候，不必把时间浪费在分析它的词性、所有格、单复数、阴阳性等琐碎的东西上。比如说介绍自己身边的一只猫：目，脊椎动物；部，四足动物；纲，哺乳动物；属，猫科；种，猫；个体，灰色带有斑纹的家猫。但是实际上它只不过是一只叫作塔比的家猫而已，这让海伦觉得荒唐透顶。但是，随着学习的深入，她渐渐地陶醉于这种语言，用刚刚学会的语言来表达自己稍纵即逝的印象和情感，那种新奇又陌生的感觉让她久久回味。之后她常常会自得其乐地阅读一些拉丁语的文章，遇到不明白的字词，就自己设法弄懂，这成为海伦后来一直坚持的消遣方式。

艾恩斯先生还和海伦一起阅读了英国维多利亚时代最杰出的诗人丁尼生的《悼念》。海伦以前读过很多的文学作品，但是从来没有从评论的角度来理解作品，艾恩斯先生精彩的分析让海伦第一次学会了如何了解一个作家，这使得海伦的阅读像与老朋友握手般的亲切。在开始读恺撒的《高卢战纪》的时候，海伦回到了亚拉巴马州的家里。

1894 年夏天，肖托夸美国聋人说话教育促进会第一次会议在夏达奎市举行，海伦受邀参加了这个会议。会上，海伦怀着无比激动的心情做了一个不短的演讲，得到了全场的热烈欢迎。

莎莉文老师在提交大会的论文中还介绍了对海伦的教育方法。她写道："海伦学会语言，与其说是依靠学习法则和定义，不如说是依靠实践和习惯……毫无疑问，我本是应该用嘴交谈的，但我却更多、更经常地使用手指。""我相信，每个儿童的身上都在某个地方隐藏着杰出的能力，要是我们引导得法，这种能力也许会得到复活和发展；但是，当我们不断地向儿童的头脑中填塞所谓的基础知识时，却未能适当地发展他们较高的天性。让我们引导他们在幼年时就在大自然中获得最大的愉快吧。让他们在田野上奔跑，去熟悉动物，去观察真实的事物吧。""海伦的感觉很有生气，兴趣广泛而又浓郁，具有艺术家的气质，当然，与不太有天赋的一般人相比，她对生活、对大自然和书籍怀有比较主动、比较强烈的喜爱。她的头脑中装满了伟大诗人般那美妙的思想和概念，在她的眼里，他们的一切都不平凡，因为，她以自己丰富的想象力为整个生活增添色彩。"莎莉文老师的论文引起了大会高度的重视和热烈的讨论，海伦也得到了更多人的关心和帮助。在这里，海伦被安排到纽约市的赖特·赫马森聋人学校去学习。

▶ 学会唇读

成长关键词
↓
自强、执着、仁爱

1894 年 10 月，在莎莉文老师的陪同下，海伦来到了赖特·赫马森聋人学校。之所以选择这所学校就是为了提高海伦的说话和唇读能力。与手语相比，唇读一个很大的优点是把手放在说话人的嘴唇上，就能明白所有的说话内容，它可以传达更加复杂抽象的思想。学会了说话和唇读，就可以不靠翻译去和正常人交流了。在大会期间，莎莉文老师详细地了解了这所学校的教学情况，海伦也对此行充满了期待。

掌握唇读法的学习要领其实并不难，难的是要不断地反复练习，一句话往往要练习几十遍甚至上百遍。只要莎莉文老师和她在一起的时候，她就会把海伦的手放在自己的嘴唇上，她先说一句话，让海伦来理解，海伦理解之后，就用手语表达出来，莎莉文老师认为哪里不对再纠正她。这个困难并不比海伦学习说话时低，好在海伦已经征服过无数的高峰，也就不在乎这一座峻岭了。具体付出怎样的辛苦就不赘述了，海伦取得的任何成就都付出了无数的汗水，如果每一滴汗水都要详细表述一番，只会让阅读的人感到没意思。

海伦之后，有无数的聋哑人，他们甚至视力完好，可是他们都没有取得杰出的成就，原因无他，只是他们不如海伦努力。

此外，在赖特·赫马森聋人学校学习的那段时间里，她还学习了德语、法语、算术和自然地理。德语是海伦最喜欢的课程。在学会一些简单的词汇之后，海伦就大胆地跟老师进行对话，闹出了很多笑话，但好在她的德语老师懂手语，可以及时地纠正她，海伦的德语也因此而飞快进步。第一年结束前她就可以读席勒先生的著名的《威廉·退尔》了。

海伦的法语学习没有德语那么顺利，虽然她以前就有一些学习经验，但是法语老师并不懂手语，上课只能口授，而当时海伦的唇读还不是很熟练，因此，法语学习比德语进步慢得多。不过她还是设法读了一遍法文版的《不情愿的医生》。

在所有的科目中，算术是海伦最讨厌的。她实在搞不明白那些数字和公式到底是怎么一回事，常常得用猜测和想象的方法来解决那些逻辑严密的数学题，这让海伦沮丧万分。但是这并没有影响海伦学习其他科目的热情，尤其是对于自然地理的学习。海伦对大自然充满了无限的激情，从《圣经·旧约》中，海伦了解到风是怎样从四处刮起来的，水蒸气是怎样不声不响升起的，滴水是怎样穿石的，山崩地裂是怎么回事，以及人类是怎样战胜比自身强大的力量的。这些都会让海伦忘掉烦恼，感到快乐和满足。

但就在此时，海伦父亲去世的消息让如此美好的日子变得悲伤起来。父亲病的时间不长，经历了一段短暂的极为痛苦的日子，就离开了人世。这是海伦第一次经历死亡。父亲的突然离去让她有点难以承受，她常常独自一个人暗自垂泪。但就在她还没有从失去父亲的悲痛中解脱出来的时候，又传来了波士顿约翰·斯波尔丁先生去世的消息，这让海伦的日子变得更加阴暗。在海伦的一生中，对她表示关心和帮助的人很多，但是斯波尔丁先生为人和善慈祥，他总是以一种温柔的、不引人注目的方式关心海伦，无论何时何地，海伦总是能感受到他的爱心，他的友谊给了海伦很大的信心和勇气。"他的逝世给我们的生活留下了再也不能够填补的空白"，海伦在自传里面沉痛地写道。

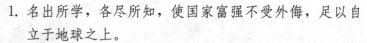

名人名言·爱国

1. 名出所学，各尽所知，使国家富强不受外侮，足以自立于地球之上。

　　　　　　　　　　　　　　　　——詹天佑

2. 唯有民魂是值得宝贵的，唯有他发扬起来，中国才有真进步。

　　　　　　　　　　　　　　　　——鲁　迅

3. 我们是国家的主人，应该处处为国家着想。

　　　　　　　　　　　　　　　　——雷　锋

4. 人心就是立国的根本。

　　　　　　　　　　　　　　　　——孙中山

5. 人民不仅有权爱国，而且爱国是个义务，是一种光荣。

　　　　　　　　　　　　　　　　——徐特立

6. 科学没有国界，科学家却有国界。

　　　　　　　　　　　　　——［俄］巴甫洛夫

7. 只有热爱祖国，痛心祖国所受的严重苦难，憎恨敌人，这才给了我们参加斗争和取得胜利的力量。

　　　　　　　　　　　——［俄］列夫·托尔斯泰

8. 为祖国而死，那是最美的命运啊！

　　　　　　　　　　　　　——［法］大仲马

9. 爱国，是文明人的首要美德。

　　　　　　　　　　　　　——［法］拿破仑

第七章

Helen Keller

求学哈佛

知识教人学会爱，给人以光明和智慧。

——［美］海伦·凯勒

▶ 考试·考验

海伦以前的学习都有学校老师的特殊照顾，同学们的细致帮助，莎莉文老师的全力辅助，这固然让海伦的学习困难减轻了不少，把她的压力消解了不少，可是这样也不利于海伦真正的独立与自强。直到 1897 年 6 月 29 日至 7 月 3 日，海伦独自参加了雷德克里夫学院的预试，再没有了莎莉文老师的温情关怀，她必须独自一人面对严格的考官，大篇幅的试卷，靠自己的力量赢得考试的胜利，这对她未尝不是一个严峻的考验，却有助于她的成长进步。

在这次考试中，要求学生通过 16 个小时的考试，12 个小时考基础课程，4 个小时考高级课程，包括初级和高级德语、法语、拉丁语、英语、希腊文，以及罗马史等科目。

当时考试的情形极为特殊。每门功课总共有 16 分——初级考试 12 分，高级考试 4 分，每门至少要得到 15 分。早晨 9 点钟，试卷由专人从哈佛送到雷德克里夫学院。试卷上不写名字，只写号码，海伦的号码是 233，但因为她用打字机答卷，所以试卷不是秘密的。

为了避免打字机的声音打扰别人，她独自在一个房间里考试。基尔曼先生用手语字母把试题念给她"听"，门口有人守着，防止有人闯进来。

第一天考德语，基尔曼先生坐在海伦身边，先把试卷通读一遍，海伦跟着复述一遍，然后再一句一句地读一遍，以确保海伦"听"到的信息正确无误。考题很难，海伦用打字机答题，心里没有把握。基尔曼先生把海伦打出的解答读给她"听"。海伦告诉他需要改的地方，由他改上去。在以后的考试中她再也没有遇到过如此方便的条件。进了雷德克里夫学院以后，考试时，海伦写完答案就没有人读给她"听"了。在时间允许的情况下，她才有机会修正答案。即使有时间，也只是根据她的记忆把要改正的全部写在卷子的末尾。如果她初试的成绩比复试好的话，那有两种可能：一是复试时没有人把她打出的答案改给她"听"；二是初试的科目有些是进剑桥学校以前就学过一些的，因为在年初基尔曼先生拿来了哈佛大学的旧考题，那时她就已通过了英语、历史、法语和德语的考试。

基尔曼先生把她的答卷交给监考人，并写了一个证明这是海伦的（233 号考生）答卷的说明。

其他几门科目的考试，情况大致相同，但都比德语简单。海伦记得那天拿到拉丁文卷子时，希林教授走来对她说，她以很好的成绩通过了德语考试，这使海伦信心倍增，得心应手地完成了其余的考试。

在开始第二年学习的时候，海伦充满了希望和成功的决心，但是没几个星期，她便碰到了预想不到的困难，遭遇了重重考验。这一年以学习数理为主，主要的科目是数学，另外还有物理、天文学等，这都是海伦不太擅长的科目。上课的教室很大，老师根本不可能对她进行个别指导，更加糟糕的是，大部分教材都没有印成凸字版。莎莉文老师不得不把所有的教材一点点念给她听，并翻译老师讲课的内容。11 年来，她那宝贵的双手第一次不能胜任她的任务。

早在凸印版的课本到来之前，基尔曼先生就曾告诫莎莉文老师，海伦学习太辛苦了，并减少了海伦课堂学习的时数。当时，海伦也表示同意，如果必要的话，她可以用 5 年的时间做上大学的准备。但是第一年取得的好成绩，使得莎莉文老师和其他一些老师都认为，再用两年，海伦就能轻松地完成上大学的准备。开始的时候，基尔曼先生也是同意的，但是随着功课难度的增加，海伦变得越来越吃力，见此，基尔曼先生觉得海伦至少还要在这个学校里继续学习 3 年。海伦不同意基尔曼先生的计划，因为她梦想着和班上其他的同学一起上大学。

11 月 17 日的那天，海伦身体有些不舒服，就没有去上课。尽管海伦也没有什么大病，但是基尔曼先生觉得海伦的身体已经累垮了，决定改变对海伦学习的安排，那样的话，海伦将不能和班上的同学一起参加结业考试。为此，基尔曼先生和莎莉文老师产生了意见分歧，相持不下。

最后，莎莉文老师把这里的情况告诉了海伦的母亲，深爱着海伦的母亲以为她的身体吃不消，便毅然决然地让海伦和她的妹妹米尔德里德一起从剑桥青年女子学校退学了。

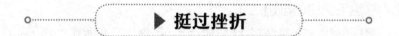

▶ 挺过挫折

回到家里，海伦并没有放弃自己上大学的理想。她不断地央求母亲让她回学校，莎莉文老师也不断说服海伦的母亲说海伦是个有潜力的孩子，完全有能力读大学。最后，海伦的母亲和莎莉文老师决定请一位家庭教师为海伦进行个别辅导。

几经周折，她们请来了剑桥的默顿·基斯先生，帮助海伦继续完成她的学业。基斯先生是一位经验丰富、知识渊博而又和蔼可亲的师长。1898 年 2 月到 7 月，海伦和莎莉文老师住在离波士顿 25 英里的伦萨姆城。基斯先生每星期到那里两次，教海伦代数、几何、希腊语和拉丁语，莎莉文老师做他们的翻译。

1898 年 10 月，海伦回到波士顿。在之后的 8 个月里，基斯先生每星期给海伦上 5 次课，每次大约一个小时。每次上课，他首先给海伦解释上次课没有听懂的地方，然后再讲解新内容，布置作业。走的时候，他还要把海伦一周内在打字机上写的希腊语练习带回家，仔细批改之后再发还给海伦。

1899 年 6 月 29 日到 30 日，海伦终于迎来了进入雷德克里夫学院最后的考试。第一天考的是基础希腊语和高级拉丁语，第二天是几何、代数和高级希腊语。

这次考试的方式还是闭卷考试，为此雷德克里夫学院专门从柏金斯盲人学院请来了尤金·维宁先生把试卷用美国盲文抄写出来。海伦不认识维宁先生，监考的先生是陌生的，他们之间都不可能有任何交流。莎莉文老师作为海伦亲近的人，不能参与任何有关考试的事情，只能旁观，所有的一切都需要海伦自己应对。

第一天，基础希腊语和高级拉丁语，这些语言科目是海伦的强项，她顺利地通过了考试。但是第二天的几何和代数考试中，意想不到的困难出现了。

美国常用文字系统的盲文包括英国式的、美国式的以及纽约点式盲文，这些都是海伦熟悉的，但是这三个系统在代数和几何上使用的各种标记和符号很不一样，而海伦在代数课上只使用过英国式的盲文系统。考试前两天，维宁先生送给海伦一份盲文版的哈佛用过的旧代数试卷，海伦惊异地发现考卷用的是美国式的盲文系统标记。虽然，后来海伦收到了一张标记表，但短短两天的时间里，她根本分不清楚括号、大括号和根号等各种不同的符号和组合。就在考试开始前的那一小段时间里，海伦还请维宁先生给她更详细地讲解了一遍。考试的过程中，那些她以为自己都学会了的标记还是让她一头雾水。此外，在平常的练习中，海伦习惯了用盲文或心算答题，老师没有训练用笔头回答，因此她答题的速度变得很慢。对于几何试题，海伦习惯读行式打印机打出来的命题，或者是有人在她的手心里拼写。这次考试中的盲文试题，让她很不习惯，做题的速度和节奏完全被打乱了。总之，对于这次考试，海伦充满了不祥的预感。

雷德克里夫学院的领导可能根本就没有意识到他们的考试规则给海伦设置了怎样的障碍。但令人欣慰的是，海伦战胜了他们无意间制造的这些麻烦，海伦的入学考试全科通过。

"失明的祸害极大，但这并不能剥夺我们分享一些我们很在意的东西：服务、友谊、幽默、指挥。我们的命运是由内心的意志所控制的，我们可立志向善，爱人也被人所爱，想想我们可以有更明智的目标。我们可以像所有上帝的女儿一样，拥有那些与生俱来的灵性的力量，所以我们可以看到《圣经》中所说的西奈山的闪电，听到雷声。我们可以大步穿越草原和荒郊，使我们心旷神怡。我们也可以进入上帝允许给亚伯拉罕及其后裔的'希望之国'，也就是迦南，拥有心灵上的财富以及看不到的生命和自然的永恒境界。"海伦在一篇文章中，曾这样描述过自己战胜困难的心情。

虽然入学考试历经艰难，但是要取得入学资格，还需要学院教学委员会的批准。很多委员反对海伦入学，包括校长也不支持。为此，海伦勇敢地给入学委员会写了一封信，明确表达了自己的决心。她写道："我知道，在我接受高等教育的道路上，布满了巨大的障碍，对其他人来说，像是难以逾越的障碍；但是，尊敬的先生，在投入战斗前，一个真正的士兵是不知道什么是失败的。"

在等待结果的日子里，海伦先后收到了康奈尔大学和芝加哥大学的入学通知书，并提供奖学金。但是，好强的海伦不为所动，她对身边的朋友说："如果去别的学校上学，肯定会有人说我没有通过雷德克里夫学院的考试。"雷德克里夫学院的委员们最终被海伦优异的成绩和勇敢的行为所打动，决定录取她。海伦终于圆了自己的大学梦，可以和其他正常的孩子一样进入雷德克里夫学院了。为了更好地适应大学生活，大家一致认为海伦需要再跟着基斯先生学习一年。因此，直到 1900 年的秋天，20 岁的海伦才正式跨入了大学的校门。

▶ 繁重的学业负担

海伦满怀激情地开始了她的大学生涯。在她面前，她看到了一个光明而美丽的新世界；内心深处，她已经做好了接纳一切知识的准备。在神奇的精神王国里，她会拥有像其他人一样的自由。这个王国的子民、风景、习俗、欢乐和悲伤也应该是鲜活而真切的。这里的讲堂挤满了伟大而睿智的灵魂，她把讲台上的教授们视作智慧的化身。

她第一年主修的科目有法语、德语、历史、英文写作和英国文学。在法语读物方面，她阅读了高乃依、莫里哀、拉辛、阿尔弗莱德·德·缪塞和圣伯夫的著作。她阅读的德语作品主要来自歌德和席勒。在英国文学方面她尝试用批叛性的眼光研读了弥尔顿的诗歌和《论出版自由》。

常有人问及她是如何克服大学学习的不便的。当然，在课堂上她的情况是独一无二的。教授的声音很微弱，他似乎正在通过一个电话来说话。授课内容会被莎莉文老师以尽可能快的速度拼写在她的手上，在努力跟上老师讲话速度的同时，老师本人的个性反而在她面前消失了。滔滔不绝的词语流淌过她的手心，恰如猎犬追逐行将消失的野兔。即使是在这种情形下，她也不觉得自己比用笔记录的姑娘们差到哪里。假如整个心思被机械性的听讲和手忙脚乱的记录所占据，那么你就不可能过多地留意到讲义的内涵或风格。她无法在上课时做笔记，因为她的双手正忙于"听讲"。通常她会在到家后把能记得的内容草草写下来。此外，她还要在打字机上做习题、记笔记、写评论，完成课堂测验和期中期末考试，这样教授们就不难发现她掌握的内容是多么有限。当她开始学习拉丁文音韵学时，她设法向她的导师解释了一套显示不同音节和词汇量的盲文系统。

海伦使用的是一台哈蒙德牌打字机。她曾尝试过很多机型，但是她发现哈蒙德牌打字机是最符合她工作要求的机器。这种打字机具有可变动的键盘，你可以移动若干滑梭，每移动一次就会转换成不同的字体，你可以在希腊语、法语或者数学字符之间转换，总之，完全视你使用的情况而定。缺少了这种打字机，恐怕她就无法上大学了。

在诸多课程之中，盲文版本的课本屈指可数，所以在看书时，她只得把书中内容拼写在手上。同别的同学相比，她要花更多的时间准备功课。手指阅读耗时费力，而且她还要面对别人不会遇到的困惑。每时每刻，她都要集中精力让自己的意识处于兴奋状态，她会一口气花好几个小时阅读几章内容。事实上，她生活在一个没有女孩嬉笑、歌唱和舞蹈的世界里，而这样的生活常会令她产生抗拒心理。但是没过多久，她就找回了愉快的感觉，她为心中的不满情绪感到好笑。毕竟，每一个渴望获得真才实学的人都必须要独自攀登"希尔要塞"，对她而言，那里没有直达顶峰的大道通衢，她必须以她自己的方式蜿蜒行进。她滑倒过很多次，但是她仍然会爬起来向着隐藏的重重障碍冲击。她每发一次脾气，就能更好地学会控制自己的情绪。她步履蹒跚，长途跋涉，只为了取得那一点点的收获。她备受世人的鼓励，她满怀期盼越爬越高，宽广的地平线已经浮现在她的眼前。每一次的抗争都意味着一次胜利。艰苦的努力使她触摸到了辉煌的云海、湛蓝的天空、以及愿望的高地。

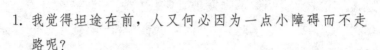

名人名言·挫折

1. 我觉得坦途在前，人又何必因为一点小障碍而不走路呢？

——鲁 迅

2. 患难困苦，是磨炼人格之最高学校。

——梁启超

3. 每一种挫折或不利的突变，是带着同样或较大的有利的种子。

——［美］爱默生

4. 不经巨大的困难，不会有伟大的事业。

——［法］伏尔泰

5. 短时期的挫折比短时间的成功好。

——［古希腊］毕达哥拉斯

6. 对勇气的最大考验，就是看一个人能否做到败而不馁。

——［美］英格·索尔

7. 卓越的人一大优点是：在不利与艰难的遭遇里百折不挠。

——［德］贝多芬

8. 苦难是人生的老师，通过苦难，走向欢乐。

——［德］贝多芬

◁ 第八章 ▷

Helen Keller

哈佛锤炼了海伦

读一本好书就是与一颗伟大的的心灵对话。

——［美］海伦·凯勒

▶ 大学毕业

在这些愉快的日子里，4 年的大学生活稍纵即逝，转眼到了 1904 年 6 月，终于迎来了毕业典礼。当时的报纸曾报导过毕业典礼中的海伦与莎莉文老师，其中有一家报纸登载了这样一条消息："这一天，毕业典礼的礼堂里挤得水泄不通。当然，每位在场的毕业生都将接受毕业证书，但来宾们的目光焦点却集中在一位学生身上，她就是美丽、成绩优异却眼盲的海伦·凯勒。长久以来，不辞辛劳协助这位少女的莎莉文老师也分享了她的荣誉。当司仪念到海伦·凯勒的名字时，全场响起了雷鸣般的掌声。这位少女不仅以优异的成绩学完了大学的所有课程，而且在英国文学这门课上的表现更是杰出，因此博得了师长、同学的交相赞誉。"

莎莉文老师十分高兴海伦能够在英国文学这一科上得到高分，这完全要归功于她。可是除了这两点事实外，报纸上的其他报导都是一派胡言。当天的来宾并不像记者所说的那么多，事实上，专程来参加她的毕业典礼的朋友仅五六位而已。最遗憾的是，海伦的母亲因为生病不能出席典礼。校长只是做了例行演讲而已，并未特别提到海伦与莎莉文老师。不仅如此，其他的老师们也没有特别过来与海伦打招呼。另外，在海伦上台领毕业证书时，并未出现如报上所说的"雷鸣般的掌声"。总之，毕业典礼并没有像报纸上形容的那样盛况空前。

有些同学还为莎莉文老师抱不平，愤愤地说："真是太草率了，应该也颁学位给莎莉文老师才对。"

无论如何，海伦顺利地从哈佛大学雷德克里夫学院毕业了，取得了宝贵的文学学士学位。海伦捧着那张来之不易的羊皮纸毕业证书，沉默了很久，才说："这证书，属于我和莎莉文老师。"

海伦·凯勒毕业照

毕业典礼之后，莎莉文老师带海伦离开礼堂，直接乘车前往新英格兰的兰荪了，这是她们计划搬过去住的地方。

当天晚上，她与朋友们去奥罗摩那波亚加湖划独木舟，在宁静祥和的星空下，暂时忘却了世间的一切烦恼。

夸大报导毕业典礼的那家报纸，同时还说兰荪的住宅是波士顿市政府送给她的，不但有宽敞的庭院，而且室内堆满了别人送给她的青铜雕塑，还说她有一间藏书数万的巨型图书室，坐拥书城，生活十分惬意。

真是一派胡言。海伦与莎莉文老师居住的，哪里是如此豪华的房子？事实上那是一幢很久以前就买下的古老农舍，房子的四周附带了7英亩荒废已久的田地。

这幢农舍是海伦用10年前史波林先生送给她的糖业公司的股票换来的。

史波林先生在她们最困苦的时候对她们伸出了援助之手。第一次见到史波林先生时海伦才9岁，他还带着童星莱特跟她们一起玩。当时这位童星正参加《小公主》一剧的演出。此后，只要她们有困难，史波林先生都竭尽全力帮助她们，而且时常到柏金斯盲校来探望她们。

他每次光临都要带些玫瑰花、饼干、水果分送给大家，有时

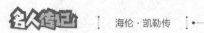

还请大家出去吃午饭，或者租辆马车带她们出游，童星莱特也多半跟她们一起同行。

莱特是一个美丽又活泼可爱的小女孩，史波林先生常常对她俩说："你们是我最心爱的两位小淑女。"然后很开心地看着她俩一起玩耍。

当时她正在学习如何与人交谈，可是史波林先生总是弄不清她的意思，她因此深感遗憾。有一天，她特地反复练习着说"莱特"的名字，打算让史波林先生惊喜一下，可是不管她多么努力练习，都说不好莱特的全名，她急得哭了出来。等到史波林先生来时，她仍然迫不及待地展现她的练习成果，一遍又一遍地反复多次，好不容易终于让史波林先生懂了她的意思，她又高兴又感动，那种激动的心情至今无法忘怀。

之后，每当她无法清楚地表达自己的意思，或者周围太吵，令史波林先生无法和她沟通时，他就会紧紧地抱住她，柔声安慰她："虽然我不太懂你的意思，可是我喜欢你，而且永远最喜欢你。"

一直到他去世，史波林先生始终按月寄生活费给她和莎莉文老师。他把糖业公司的股票送给她们时，嘱咐她们可以在需要的时候卖掉它。

就因为这样，当莎莉文老师与她第一次踏进这栋屋子，打开窗户，开始她们新的生活时，无不感到史波林先生似乎与她们同在。

莎莉文老师把挤奶场与存放陶器的储藏室打通了，变成了一个大房间，当作书房。在书房里，盲文书籍约有一百册。虽然相当简陋，不过海伦已经觉得心满意足了。因为这儿光线充足，东西的窗台上可以摆上盆景，还有两扇可以眺望远处松林的落地玻璃门。莎莉文老师还特地在她的卧室旁边搭出去一个小阳台，以便她高兴时出去走走。

就是在这个阳台上，海伦第一次听到鸟儿在唱"爱之歌"。那天，她在阳台上享受着和风，舍不得进屋，足足待了一个多小时。阳台的南边种着蔓藤，枝叶绕着栏杆而上；北边则种着苹果树，每当苹果花开时，扑鼻的香味令人陶醉。

忽然间，她扶着栏杆的手感觉到微微的震动，这种震动给她的感觉就好像把手放在音乐家的喉咙上的感受一样。震动是一阵一阵的，忽行忽止，就在某一个停顿的瞬间，有一片花瓣掉了下来，轻擦过她的脸颊落到地面。她立刻猜想可能是鸟儿飞来或者微风吹过，花瓣才会掉下来。她正在猜测时，栏杆又开始震动了。

"到底是什么呢?"她静静地站在那儿，出神地感受着、思量着。这时，莎莉文老师从窗内伸出手来，悄悄地暗示她不要动。她抓着她的手，告诉她："有一只蚊母鸟正好停在你身旁的栏杆上，只要你一动，它就会飞走，所以最好站着别动。"

莎莉文老师用手语传给她这些信息：这种鸟的叫声听起来像"飞—普—啊—威、飞—普—啊—威"，海伦凝神注意这种鸟的叫声，终于能分辨出它的节拍与情调，同时感觉出它的叫声正逐渐加大、加快。

莎莉文老师再度传信息给她："鸟儿的恋人正在苹果树上与它应和，那只鸟可能早就停在那儿了。噢! 你瞧，它们现在开始二重唱了。"

停了一会儿，她又说："现在，两只鸟已经卿卿我我地在苹果花间互诉衷曲了呢!"

成长关键词

自强、执着、仁爱

▶ 境界提高

海伦总是尽量让生命的每一分钟都有快乐存在。欣赏歌剧是比较少有的一种娱乐。海伦喜欢舞台上正在上演时，有人给她讲述剧情，这比读剧本要有趣味得多，因为这样她常常会有身临其境的感觉。她曾有幸会见过几位著名的演员，他们演技高超，能使人忘却此时此境。埃伦·特里小姐具有非凡的艺术才能。有一次，她正在扮演一名人们心目中理想的王后，海伦被允许抚摸她的脸和服饰。她身上散发出来的高贵神情足以消弭最大的悲哀。亨利·欧文勋爵穿着国王服饰站在她的身旁，他的行为举止无不显露出超群出众的才智。在他扮演的国王的脸上，有一种冷漠、无法捉摸的悲愤神情，令她永远不能忘怀。

海伦仍然清楚地记得第一次看戏的情景。那是在波士顿的时候，莎莉文老师带她去看一位著名小演员演出的《王子与贫儿》。她无法忘记剧场所充满的喜怒哀乐，随着剧情的发展，观众一会儿喜，一会儿悲，这位小演员也演得惟妙惟肖。

散场后，她被允许到后台去见这位穿着华丽戏装的演员。小演员站在那里向她微笑，一头金发披散在肩上。虽然刚刚结束演出，小演员一点儿也没有疲惫和不愿见人的样子。那时，海伦才开始会说话，之前她反复练习说出小演员的名字直到她可以清楚地说出来。当小演员听懂了她说出的几个字时，高兴地伸出手来欢迎她，表示很高兴能与她相识，海伦也高兴得几乎要跳起来！

第八章　哈佛锤炼了海伦

虽然生命中有很多缺陷，但海伦可以有如此多的方式触摸到这个多姿多彩的世界。世界是美好的，甚至黑暗和沉寂也是如此。无论处于什么样的环境，都要不断努力，都要学会满足。

有一年夏天，海伦与莎莉文老师一同到诺瓦斯科夏去，在哈利法克斯度过了大半个夏天。那是一个海湾。海伦喜欢海洋，海洋给海伦带来了快乐。

有一天，西北海湾举行一场划船比赛，参赛的是由各条军舰派出来的小艇。很多人都乘着帆船来观看比赛。海伦和莎莉文老师也乘坐帆船来观看。

海面上风平浪静，上百艘的小帆船靠在海伦的旁边，轻轻摆动着。这时海上的空气变得沉重起来，船上的人几乎同时喊起来：

"要起风暴了呀！"

他们的话音还没有落呢，狂风就席卷了过来。海浪被风吹成一道道的高墙，发出愤怒的呼啸声，似乎要把他们的帆船吞没一样。

船长是个有丰富经验的人。他平静地命令大家降下主帆，拉紧绳索和狂风搏斗。

小小的帆船被巨大的浪头高高抛起，又在风浪的怒吼声中骇然落下。海伦的心随着小船的颠簸怦怦乱跳，双手颤抖不止。

莎莉文老师用手语告诉她："船长最善于驾驭这种情况了。如果你能看到他的眼睛，你就会明白。"

海伦的手不再颤抖。是呀，有经验丰富的船长在这里呢。

"既然我不能做什么，就欣赏一下和风浪搏击的乐趣吧。"

海伦靠在莎莉文老师的肩上，陶醉在刚才搏击大海的乐趣里。

在享受生活的同时，海伦常常会想："如果没有像贝尔先生这样的好心人的帮助，我怎么会有今天的成绩。现在，我应该尽我的可能去帮助那些处在困境中的人们。这才是报答帮助我的人们的最好的方式。"海伦决定利用假期去做社会调查，寻找那些需要帮助的人们。

她和莎莉文老师走访城市的贫民区。贫民区里散发出难闻的味道，每走一步，几乎都要撞到一样东西。莎莉文老师说，这里到处都是廉价的小屋，很多都是木板搭成的。许多面黄肌瘦的孩子正挤在小巷的两边向她们看呢。

海伦俯下身去，向他们伸出双手，她很想和他们聊一聊。可是，这些孩子却一溜烟地跑开了，就好像海伦要打他们似的。

她们来到一间破旧的小屋里。女主人蜷缩着身体为她们倒上一杯白开水，抱歉地说："只有这个啦。"海伦用手摸着女主人干枯的头发、突出的肩胛骨和细细的手臂，她的心忍不住颤抖起来，她这时才知道：即使在美国这样一个号称平等、博爱的国家里，也有这么多衣不蔽体、等待救援的人们。

告别时，男主人和海伦握手，男主人手上厚厚的老茧硌得海伦的心久久不能平静。

"我将来要为贫苦的人们做事。"海伦下了这样的决心。

▶ 写　作

虽然海伦已经在不少的报纸杂志上发表了作品，可她的英语老师查尔斯·库珀兰德却对海伦的作文挖苦不已。他总能找出海伦的英语作文的毛病来，批评的口气也是十分严厉的。好长一段时间，海伦几乎对自己的写作能力失去信心。

莎莉文老师告诉海伦："库珀兰德老师对别的同学挖苦得更厉害呢。我想，这是因为他本人过于严苛、对你要求太高的缘故。"

"原来是这样呀!"海伦放下心来,而且尽可能地改正库珀兰德老师给她指出来的缺点。

其实,库珀兰德老师对她的作文是很欣赏的。他的想法是:"如果我表扬她,她一定会骄傲起来。这样,会妨碍她取得进步。"库珀兰德老师哪里知道,他的严厉,几乎摧毁了海伦的自信!

库珀兰德老师认识《妇女之家》杂志社的编辑。他向编辑推荐海伦的作文:"这可是一个罕见的文学天才哟!如果你们发表她的作文,一定会引起不小的轰动。当然,你们要付稿费给她,稿费可不能太低呀!"库珀兰德老师和编辑分手时又叮嘱说:"可不要说是我推荐的呀!"库珀兰德老师要保持教师威严的形象呢。

有一天,海伦正在上课,一位男士走进来,他笑眯眯地说:"早安,莎莉文小姐。我叫威廉·亚历山大,是《妇女之友》杂志社的工作人员,我们的编辑博克先生派我来和海伦·凯勒小姐谈话。"

莎莉文以为又是访问,就说:"凯勒小姐的功课很忙,她没有时间接受访问。"

威廉·亚历山大马上说:"您误会了,莎莉文小姐。我们只是想请凯勒小姐写一篇《我的生活》,给我们杂志连载。"

原来如此,莎莉文老师觉得这是一个好机会。多少人想投稿都投不中,人家可是主动来约稿的呐!

海伦却挺为难,虽然她一直有当作家的愿望,可现在的功课太紧了呀!她说:"我恐怕没有时间写呢!大学的功课太忙了。"

亚历山大先生说:"你不是在大学的作文课上已经写了大部分了吗?我们就要这个。"

哎呀,原来是作文。

海伦很奇怪:"你怎么会知道我的作文呢?"

亚历山大先生笑着说:"这可是一个秘密。"

既然是发表写过的东西,那么只要略加整理就行了,不会过多地浪费她的时间,海伦想了想,就同意了。

亚历山大最后说:"如果你愿意写的话,只需要把它们改成杂志文章的形式就成了。假如您愿意签我带来的合同的话,杂志社可以付给您 3000 美元稿费。"

"3000 美元!"

海伦和莎莉文老师都大吃一惊。自从海伦 16 岁时父亲去世以来,海伦的家已经一点点地没落了。家里还有一个妹妹和弟弟,一家人都要靠父亲留下来的一点积蓄生活。海伦还得负担莎莉文老师的费用,开销真是不小呢。海伦已经是一个很懂事的姑娘,她一直在考虑减轻家里的负担。"像我这样一个又聋又盲的女子,能做点什么呢?"海伦发现,可供她选择的生活范围是那么小!

现在,突然之间有了 3000 美元! 这个消息像一枚炸弹,落在海伦面前。3000 美元可以做很多事情呀!

于是,海伦就在莎莉文老师的指点下,在亚历山大先生带来的合同书上,签上了自己的名字。

这以后的很长一段时间,海伦都像是在梦中一样。她不停地问莎莉文老师:"老师,杂志社是不是因为同情我才付我这么多钱的呢? 我的文章值得付这么高的报酬吗?"

莎莉文老师坚定地说:"海伦,你完全受得起这报酬。它们只是你这些年勤奋学习的一点回报罢了。"

海伦这才安下心来整理从前的作文。工作进行得很顺利,她很快就用打字机打出了第一部分。

博克先生看到稿件以后,非常满意,急忙让人登在《妇女之家》的杂志上。同时,他又派亚历山大催促海伦整理接下来的稿子。

"读者们都很着急地等着看下一期呢。"亚历山大告诉海伦。

一想到自己的作品被大家争着传阅，海伦的内心就激动起来。真不敢相信，作家梦就这么突然间实现了。

海伦的生活安排得非常紧张。她一方面要应付学习，另一方面还要补充材料，写成连载文章，真是有点透不过气来了呢。

即使这样，《妇女之家》的催稿电报还是一封接一封地拍过来：

"我们马上要发下一章了。"

"第 6 页、第 7 页看起来不连贯，请立即把遗漏部分拍电报寄过来。"

虽然是两个人，海伦她们还是手忙脚乱！

朋友来看她，海伦也没时间招呼他，只管在打字机上辛苦地工作。

朋友看海伦这么辛苦，就提议说："我可以介绍一个人来帮助你做这方面的工作。"

海伦和莎莉文老师如同遇到救星一般，忙问："是谁?"

"他是哈佛大学的一位讲师，叫约翰·麦西。这个人很有才华，常常自己写文章，他也是《妇女之家》杂志社的编辑呢！如果你们同意，我就把他请来。"

这可是求之不得的好事。

约翰·麦西来了。他是一个风度翩翩的青年，也很热心。听说了海伦她们所面临的困境，就毫不犹豫地赶了过来。

麦西先生让海伦把她的笔记、回忆和写过的小品文编成连贯的文章，交给杂志社。这样，她就不必动笔从头写起了。海伦犹豫着说："这样能行吗?"

麦西却很有信心，说："相信我，这一定能行。"

看到麦西这样稳操胜券的镇静态度，海伦和莎莉文老师也高兴起来。他们就一起整理海伦从前的稿件。

显然，麦西是个编辑能手。他一声不响地在那儿分类、选择，偶尔会通过莎莉文老师向海伦提几个问题。

海伦和莎莉文老师感激得不知如何是好。

麦西却说："如果莎莉文老师肯教我手语，让我直接和海伦·凯勒小姐交谈的话，我们的速度会更快的。"

麦西先生第二次来的时候，莎莉文老师就教他手语。

因为障碍越来越少，所以，他们的稿子越赶越快。稿子需要连缀的地方，都由麦西先生捉笔代劳。

麦西先生文笔优美，他加上去的文字和海伦的融在一起，还真辨不出是哪个人的手笔呢！

终于连载完毕，海伦和莎莉文老师、麦西先生都松了一口气。因为长时期的合作，他们三个人现在已经是非常要好的朋友了。

小小的房间里，因为多了一个人的欢笑变得热闹起来。

虽然他们一直很忙碌，海伦和莎莉文老师要预习、听课、复习，麦西先生要备课、讲课，通常他们只有晚上的时间在一起工作，但是因为麦西先生的善于调节，他们都不觉得辛苦。现在，工作结束，他们这才觉得真是很累呀！

还没等他们从疲劳中恢复过来，世纪出版公司又来约稿了。他们要把这些连载故事印成书出版。幸好暑假到了，海伦就用一个暑假的时间把全书重写了一遍。

出版商又提出新要求，说："凯勒小姐，你的故事虽然很好，能鼓舞人心，可作为您的自传，还不能反映您的全部生活。希望您再补充一部分。"

新学期已经开始，海伦哪里有更多的时间来写故事呢？

麦西温和地说："剩下的部分，由我来完成吧。"海伦高兴万分。

　　1903 年 3 月 21 日，海伦的书以《我的生活》为名公开出版了。这本书非常畅销，被译成各种文字。

　　很多人都从海伦的故事里受到鼓舞，找到前进的力量。此时只有 23 岁的海伦，已经成为一个享誉全球的作家了。

名人名言·节俭

1. 静以修身，俭以养德。

———〔汉〕诸葛亮

2. 历览前贤国与家，成由勤俭破由奢。

———〔唐〕李商隐

3. 天下之事，常成于勤俭而败于奢靡。

———〔宋〕陆　游

4. 节约和勤勉是人类两大名医。

———〔法〕大仲马

5. 节俭是穷人的财富，富人的智慧。

———〔英〕莎士比亚

6. 贪侈会破坏人们的心灵纯质，因为不幸的是，你获得得愈多，就愈贪婪，而且确实总感不能满足自己。

———〔法〕安格尔

7. 没有思想上的清白，也就不能够有金钱上的廉洁。

———〔法〕巴尔扎克

8. 一切罪恶最初都是微不足道，由于相习成风，最后便不可收拾了。

———〔波斯〕萨　迪

9. 我强烈地向往着俭朴的生活，并且常为发觉自己占有了同胞的过多劳动而难以忍受。

———〔美〕爱因斯坦

10. 节俭本身就是一大财源。

———〔古罗马〕辛尼加

◁ 第九章 ▷

Helen Keller

社会交往

只要有信心、恒心与毅力，人类的潜能往往能达到某种我们难以想象的程度。

——〔美〕海伦·凯勒

▶ 各界名流

在一个阳光明媚的夏日，海伦和莎莉文老师在"梅里麦克"号上拜访了惠蒂尔先生。他温文尔雅的举止和不俗的谈吐赢得了她的好感。惠蒂尔先生曾出版过一本凸版印刷的诗集，海伦选读了其中的一首《校园时光》，他惊讶于海伦的读音是如此准确，而且理解起来毫无困难。随后海伦又问了他很多关于诗歌的问题。海伦把手指放在惠蒂尔先生的嘴唇上，这样就可以"读出"他的回答。惠蒂尔先生说他自己就是诗中的那个小男孩，而那个女孩的名字叫萨莉，他当然不只说了这些，但是海伦大都不记得了。海伦还为他背诵了《洛斯迪奥》，当海伦吟诵到最后的诗句时，惠蒂尔先生把一个奴隶的雕像放在了海伦的手中，奴隶身体蜷曲，脚踝拴着脚镣，就像刚被天使从监狱中解救出来的样子，奴隶一下子瘫倒在彼得的翅膀之下。后来，她们走进了惠蒂尔先生的书房，他不但为海伦的老师亲笔签名，还向她表达了钦佩之意。惠蒂尔先生对海伦说："你是灵魂的拯救者。"最后，惠蒂尔先生领海伦来到门口，并且轻柔地吻了吻她的额头。海伦答应他来年夏天还去拜访他，可是不等海伦履行诺言，他便去世了。

海伦同亚历山大·格雷厄姆·贝尔博士初次会面时的情景很多年后仍历历在目。自那以后，她又在贝尔博士华盛顿的家中度过了很多个愉快的日子。贝尔博士美丽的家坐落在布赖顿岛海角的腹地，毗邻巴代克，这个小村因被查尔斯·达德利·沃纳写进书里而闻名。无论在贝尔博士的实验室，还是在辽阔的巴拉斯德奥尔海岸，海伦兴趣盎然地听他讲述自己的试验，有时一听就是好几个小时。海伦还帮他放风筝，博士期望借此发现控制未来飞行器飞行的规律。贝尔博士不但精通各类学科，而且具有把那些知识化腐朽为神奇的本事，即便是最深奥的理论，他也能够轻松解读。同他在一起，你不禁会产生出这样的感觉：假如你只有有限的一点时间，那么，你也有可能成为一个发明家。当然贝尔博士的身上也具有幽默和诗情画意的一面。不妨说，贝尔博士对孩子们的那份爱是发自肺腑的，当他把一个失聪的小孩抱在怀里时，高兴得无以复加。他为了聋哑人的利益而付出的行动，将庇佑一代又一代儿童健康成长。人们爱贝尔博士，不只是因为他所取得的伟大成就，还因为他唤醒了人们心中的希望。

　　海伦在纽约生活的两年间，曾有很多机会同那些耳熟能详的著名人物交谈，但是她决不会去刻意求见他们。他们中的很多人在同她见过一次面后就成了好朋友，比如劳伦斯·休顿先生。海伦曾十分荣幸地拜访过他和贤惠的休顿夫人，她还参观了他家的图书馆，并且读到了他的天才朋友们写给他的留言，这些留言饱含感情，交流着学术上的问题。确实可以这样说，休顿先生能够把每一个人的优秀思想和善良品质发掘出来，他的确具有这样的本事。一个人不必阅读《她所认识的一个男孩》就可以了解他——他是海伦认识的最慷慨、最善良的男孩，也是那种在任何情况下都对你不离不弃的好朋友。在生活的漫漫征途中，休顿先生会一路寻着爱的足迹，并从中找到他的手足同胞。

▶ 友情之乐

　　休顿先生还把他很多文学界的朋友介绍给海伦，包括大名鼎鼎的威廉·迪安·豪厄尔斯和马克·吐温。海伦见到了理查德·沃特森·吉尔德先生和埃德蒙德·克拉伦斯·斯泰德曼先生，还结识了查尔斯·达德利·沃纳先生。沃纳先生是最讨人喜欢的"说书人"，也是她最钟爱的友人，他有着无比深切的同情心，爱人如己。记得有一次，沃纳先生带她拜会了可敬的"林地诗人"——约翰·巴勒斯先生。在她看来，他们都是些心地善良而富有同情心的人，他们的人格魅力正如他们笔下的散文和诗歌一样散发着璀璨的光芒。当然，她是无法同这些文学大家谈经论道的，尤其是当他们在不同话题之间辩论正酣的时候。她就像小阿斯卡涅斯一样，步履蹒跚地跟在英雄父亲埃涅阿斯身后。之后，他们热情地同她交流着。吉尔德先生向她讲述了他月夜旅行的经历，在给她写的信中，他特意在落款后面留下一个深深的标记，这样她就可以在纸上摸到它了。她还通过触摸马克·吐温的嘴唇而"阅读"了他的一两篇小说。马克·吐温先生有着自己独特的思维方式，无论讲话做事都个性鲜明，在同他握手时，她能感觉到他那炯炯有神的目光。马克·吐温先生经常会以一种难以描述的机智而诙谐的语言针砭时弊，即使在这种时候，他依然会令你感觉到他那如同伊利亚特一样的慈悲心肠。

美国盲聋女教育家、作家

在纽约时，海伦同样遇到了许多有趣的人物，比如玛丽·曼普斯·道奇夫人，还有里格斯夫人（凯特·道格拉斯·维津），她是《帕特希》一书的作者。海伦不但感受到了她们的爱心，还收到了包含她们个人思想的书籍、启迪心灵的书信，以及那些让她爱不释手、描述了一遍又一遍的照片。当然，在这里不可能把她所有的朋友逐一提及，但是关于他们的点点滴滴，全都无一例外地被珍藏在天使的翅膀之下，这些记忆是如此庄严神圣，远非文字所能表达清楚。

不妨这样说，正是她的朋友们成就了她的生活和她的故事。他们想方设法地把她的缺陷转变成一种荣耀的特权，使她在丧失光明的黑暗中也能平静而愉快地行走。

"你所能接触的世界太小了，真可怜！"常有人惋惜地对海伦说。可是只有她自己心里明白，这些人不太了解她的生活情形，他们当然也不知道她有多少朋友，看过多少书，旅行过多少地方。每当她听到有人说她的生活圈太小时，她总忍不住暗自好笑。

那些不是盲文的书报，她就请别人念给她听。例如每天的早报，总是由老师或汤姆逊小姐先念标题，然后她挑那些感兴趣的部分请她们细读。一般杂志也是一样，总是由老师或汤姆逊小姐念给她听，平均每个月她大概要读七八种杂志。此外，她还经常阅读盲文杂志，因为那上面多半会转载一些普通杂志上的好文章。

有些人亲自写盲文信函给她，另一些人则请会盲文的人代写，因此她常常可以享受到从指尖传来的友情。对她而言，她确实喜欢读盲文，因为这到底是由自己直接去感受，而且印象也更深刻。

有位名叫爱特那·波达的好友，他要去环游世界时设想得很

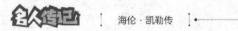

周到，随身携带着盲文字板，每到一处就写信把他的所见所闻告诉她。因此，她就像跟着他四处旅行一般，共同聆听大西洋上冰山迸裂的声响，一同搭机飞越英吉利海峡，一起在巴黎如梦如幻的大道上漫步，一同到水都威尼斯，在皓月当空的夜晚，一面欣赏月光下的威尼斯，一面静听船夫唱意大利情歌。那种气氛是多么罗曼蒂克啊！

她又随着波达来到亚洲，看到许多新奇又有趣的事物。

抵达日本时，正值樱花纷纷飘落的季节，缤纷的落英交织成一片奇异的世界，清幽肃穆的寺院钟声更引发了她许多的遐想。

最妙的是，波达竟大惊小怪地对她说："你瞧！你瞧！日本的妇女都背着小孩在街上走，这儿的男士竟然都足登四寸高的木屐在马路上散步。"

有波达这样的朋友，身体上的不自由也不觉得。

在许多关切海伦的朋友中，威廉·苏夫人是最为热心、随时都准备帮助她的人之一。

苏夫人赞助过许许多多的慈善团体，只要是与海伦有关的团体，她捐的钱总是特别多。当她们的想法迥然相异时，她对海伦说："虽然我不同意你的观点，但你我的友情是另一回事。"她依然不改初衷地爱护海伦。

佛兰克·克勃特是她大学时代的同窗好友，他在25年前创立了克勃特出版社，曾出版了她的传记作品《我的生活》一书。现在，她打算出续集，佛兰克仍如过去那样全力支持。其实早在10年前，佛兰克一再鼓励她写这本书的续集，当她在进行本书的写作时，则总是感到佛兰克似乎就在她的身边。

▶ 拜访马克·吐温

　　早在 1894 年，海伦还不懂事时，就听说了马克·吐温先生的大名了。随着年龄的增长，马克·吐温先生对她的影响也越来越深刻，他教给她人情的温暖、生命的可贵。除了贝尔先生与莎莉文老师以外，海伦最敬爱的就是马克·吐温先生了。

　　她第一次见到马克·吐温先生，是在纽约的劳伦斯·荷登先生家里，当时她只有 14 岁。当她跟马克·吐温先生握手时就有一种直觉："啊！这就是能够给我帮助的人。"那天，马克·吐温先生的风趣谈吐使她觉得十分开心。之后，她又分别在荷登先生与洛奇先生家中与马克·吐温先生见过几次面。遇有重大的事情，他们就互相通信。

　　马克·吐温先生是一个感觉敏锐的人，很能体会残障者的心情，他时常为海伦讲述一些感人的小故事以及他亲身经历的有趣的冒险故事，让海伦看到人生光明的一面，借以鼓励她。

　　还有一次，海伦安慰他说："请不要想那么多，全世界的人都尊敬您，您必会名留青史的。萧伯纳把您的作品与伏尔泰的文章相提并论，而评论家吉卜林也把您誉为美国的塞万提斯呢！"

　　听了她的话，马克·吐温先生回答道："你不必说这些话来安慰我。海伦，你知道吗？我所做的一切事情只有一个目标，那就是引人们发笑，因为他们的笑声令我感到愉快。"

马克·吐温

马克·吐温先生是在美国文学史上占有重要地位的一位作家。不仅如此，海伦认为他是一个真正伟大的美国人，因为他具有美国先民开疆拓土的精神，他崇尚自由、平等，个性豪迈爽朗，不拘小节，而且十分幽默。总之，他具有开国时代美国人的一切优点。他在看过海伦所写的《我的天地》一书后不久，写了一封令她们又惊又喜的短信，信上写道："请你们三位马上到舍下来，与我一起围坐炉前，生活几天如何？"

于是，海伦、麦西夫妇一行三人十分高兴地整装出发了。到达当地火车站时，马克·吐温先生派来接他们的马车早已等在那儿了。时值二月，远近的大小山丘都覆盖着一层白雪，沿途的树枝上挂满了参差不齐的冰柱，松林里吹来的风带着淡淡的清香。马车缓缓地行进在曲折的山路上。

马车好不容易爬上一段坡路后，眼前出现了一幢白色的建筑物，接他们的人说，马克·吐温先生正站在阳台上等着他们呢。

他们很舒服地坐在温暖的炉火前，室内飘着清爽的松香。他们喝着热腾腾的红茶，吃着涂了奶油的吐司，感到无比的舒适。马克·吐温先生对海伦说，这种吐司如果再涂上些草莓酱就会更好吃。

休息过后，马克·吐温先生主动地表示，一般访客都喜欢参观主人的居处环境，相信他们也不例外，所以提议带他们到宅内各处去走走。

在主卧室旁边，是带状的阳台，阳光可以直射进来，是主人经常喜欢流连之处，那里有许多美丽的盆栽花草，野趣盎然。走

着走着，他们来到一间有桌球的娱乐室，马克·吐温先生领他们走近球台，亲切地对她表示要教她玩球，她听了说道："打桌球必须用眼力，我恐怕没有办法玩。"

他很快又说："说得也是，不过如果像洛奇先生或荷马先生这样的高手的话，闭上眼睛也照样可以玩得很好。"

接着，他们往楼上走去，继续参观主人的卧室。

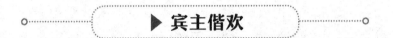

▶ 宾主偕欢

太阳即将西沉时，海伦几人就在大落地窗前眺望外面的景色。马克·吐温先生说："海伦，你不妨想象一下，我们站在这儿可以看到些什么景象。我们所在的这个丘陵是一片银白色的世界，远处是一大片辽阔的松林，左右两侧是连绵不绝的大小山丘，其上有断断续续的石垣，头顶是微带灰暗的天空。整个景象给人的感受是自由的，因为它相当原始，令你觉得无拘无束。你闻闻看，那阵阵的松香是不是妙透了？"

用餐时，客人们唯一的任务就是安心吃饭，而主人则担任娱乐宾客的角色。他们认为吃了一顿丰盛的饭菜后，不向主人道谢会于心不安。可是马克·吐温先生的想法不同于一般人，他唯恐客人们在用餐时气氛太沉闷，因此常说些笑话来逗乐大家。他在这方面确实很有天赋，每句话都那么生动有趣。

为了测验海伦的警觉性，马克·吐温先生会忽然偷偷地潜到另一个房间，弹奏风琴，并观察她，看看她对琴声所引起的振动是否有反应。后来莎莉文老师对她说，马克·吐温先生一面弹琴，一面观察她的样子非常有趣。

马克·吐温先生家的地板铺的是瓷砖，因此一般的声音她不太有感觉，但音乐的振动会沿着桌子传给她，因此她有时会很快就察觉，这时，马克·吐温先生会比她更兴奋。

晚饭之后，他们就坐在壁炉前聊天，度过一天中最快乐的时光。每天早上约10点钟会有仆人来叫醒她。起床之后，她就去向马克·吐温先生道早安。这时他多半穿着漂亮的晨裤，半靠在枕头上，口述文章，由秘书速记下来。某天，马克·吐温先生一看到她进来了，就对她说："今天午饭之后，我们一块儿出去散步，看看这附近的田园风光好吗？"

那天的散步非常愉快。马克·吐温先生穿着毛皮厚外套，戴着皮帽，亲切地牵着海伦的手，一面在曲折的小路上走着，一面向她讲沿途的景色。根据马克·吐温先生的描述，她知道他们在一条介于岩壁与小河的小路上，景色优美，令人心旷神怡。

饱览了小溪与牧场的风光后，他们来到爬满藤蔓植物的石垣前，细数石头上残留的岁月痕迹。

走了一段不算短的山路，马克·吐温先生感到有些疲倦了，决定由麦西先生先行回去叫马车来接他们。麦西先生走了之后，马克·吐温先生、莎莉文老师与海伦三个人打算走到山腰上的大路上去等马车。

可是从他们所在的地方到山腰的大路仍有一段距离，其间要经过一段满是荆棘的窄路，以及一条冰冷的小溪，最后是一片长满青苔的滑溜地面，好几次他们都差点摔跤。

"从草丛穿过去的路越来越窄，你一直沿着它走，就会尾随松鼠爬到树上去。"马克·吐温先生虽然走得很疲累，仍然不失其幽默的本色，依旧谈笑风生。后面的路确实越来越窄，后来几乎要侧身而行。海伦真的开始担心是否迷了路，然而马克·吐温先生又安慰她说："不必担心，这片荒野在地图上找不到的，换句话说，我们已经是走进地球形成之前的混沌中。而且，我发誓大路就在我们视线可及的那一边。"

果然，大路就在离他们的不远处。问题是，他们与路之间横着一条小溪，而且溪水相当深。

"到底要怎样渡过这条小溪呢?"正当他们彷徨无计时，麦西先生与车夫的身影出现了。

"你们稍等一下，我们来接你们。"

麦西先生与车夫立刻着手拆除了附近的一道篱笆，搭成一座临时的小桥，他们才得以顺利通过。

日后，海伦再没有经历过如此愉快的散步了。当时她曾一度为他们的冒险感到担心，继而一想，只要马克·吐温先生在场，即使真的迷了路也很有趣。这一次散步就此成为她生命中一段珍贵的回忆。

欢乐的时光一向过得特别快，他们不得不整装回家了。马克·吐温先生站在阳台上目送他们的马车远去，一直走了好远好远，还看到他在频频挥手，马车上的他们也频频回首，望着那幢在视线中逐渐变小的白色建筑，直至它在视线中成为一个小点为止。

"不知道什么时候才能再见到马克·吐温先生?"车上的人都不约而同地这样想，可是谁也没有料到，这竟是最后一次的会面了。

马克·吐温先生去世之后，他们曾再来过这所住宅，但已物事人非。

名人名言·旅行

1. 人生是跋涉，也是旅行；是等待，也是重逢；是探
   险，也是寻宝；是眼泪，也是歌声。

   ——汪国真

2. 一个在奋斗途径上努力的人，要是不把步骤分清
   楚，等于你旅行一个地方，不先规定睡眠和行程一
   般。分清步骤，是十分重要的。

   ——[美]戴尔·卡耐基

3. 我们的生活就像旅行，思想是导游者，没有导游
   者，一切都会停止。目标会丧失，力量也会化为
   乌有。

   ——[德]歌 德

4. 旅行在我看来还是一种颇为有益的锻炼，心灵在施行
   中不断地进行新的未知事物的活动。

   ——[法]蒙 田

5. 旅行的目的是"看"。看就意味着增进对其他民族、
   文化和地方的了解与评价。

   ——[雅典]梭 伦

6. 哪怕是一个最英勇的人，一经夺去了他珍贵的理
   想，都会落到一个境界里去，这是生活空虚的结果。
   生活好比旅行，理想是旅行的路线，失去了路线，只
   好停止前进了。生活既然没有目的，精力也就枯
   竭了。

   ——[法]雨 果

Helen Keller
感动世界

世界上最美丽的东西，看不见也摸不着，要靠心灵去感受。

——［美］海伦·凯勒

▶ 出演电影

1919 年，海伦与莎莉文老师在国内旅行了一段很短的时间后，最后决定住在纽约市郊长岛的佛拉斯特丘陵区。在这风景优美的地方，她们买下了一栋外表不俗的小屋，它有着类似古代城堡的外貌，到处是凸出的棱角，她们替它取了个名字叫"沼泽之城"。

在此所说的"她们"是指莎莉文老师、汤姆逊、海伦，以及一只名叫吉兰的小狗。

新居还没完全安顿好，她们却接到了一封十分意外的信。信是法兰西斯·米拉博士所写，他表示有意将她的《少女时代》拍成电影，而且希望她参演。海伦接到信后满心欢喜，因为她认为把自己个人的这段经历拍成电影，一定可以鼓舞那些不幸的人，而且能在这个互相憎恶、充满暴戾之气的世界里引起人们深省，如此好的机会她怎能放过？

在好莱坞，海伦经历了许多过去从未遭遇的事情，那种刺激的生活，时时都带给她惊喜，从来不知道踏出大门后将会遇到什么事。每当她漫步在开满天竺葵的小径上，会突然有一个骑士从斜地里冲出；她走在马路上，会见到一辆卖冰的车子猛然四脚朝天；在远处的山丘半腰上，说不准什么时候会有一栋被熊熊烈火包围的小木屋……

总之，来到此地以后的所见所闻都令她感到新奇有趣。记得有一次，她们一行人头顶炎热的太阳，坐着车子到沙漠里去，阳

第十章 感动世界

光下的沙漠上稀稀落落地长着仙人掌和灌木丛。当她们来到一个小小村落时，忽然有人惊呼："看啊！有印第安人！真正的印第安人……"

大家都很兴奋，马上从车上下来，想看个究竟。果真有一个印第安人在那儿。

这时，在海伦身旁的一位向导向前迈出一步，请求那位印第安人让海伦摸摸他头上的羽毛饰物，因为他头上戴着色泽美丽的老鹰羽毛，非常漂亮。海伦怀着忐忑不安的心情走上前去，再度以手语向他示意。可是出乎她们意料之外的是，这位印第安人以流利的英语开口道："让这位女士尽量摸好了，多少次都无所谓。"

在场的人都吓了一跳，后来才搞清楚，原来这是一位正在等待摄影师到来的演员，哪里是什么真正的印第安人呢！

汤姆逊小姐与海伦时常在天没亮前就出去骑马，在露珠晶莹的草原上可以闻到麝香草及尤加利树的芳香，清晨的微风令人心旷神怡，好不舒畅！就这样，她在比佛利山的小路上度过了许多愉快的清晨。

以《少女时代》为剧本的《救济》一片终于要开拍了，导演是因《青鸟》一片而闻名的乔治·郝斯特·普拉特先生。首先进行片头摄影，普拉特先生以敲打桌子为信号与她沟通。他们工作的过程通常是：汤姆逊小姐看过剧本后，听取导演的指示，然后把这些写在海伦手上，等她完全了解后，再听导演敲桌子指挥进行。

有时，导演会亲自在海伦手上写几句话，例如，"不要害怕，在笼子里的不是狮子，只不过是一只小金丝雀而已。知道了吗？好，再来一次。"导演越是关照她，她越觉得紧张不安。

老实说，要在摄影机前自然地表演，着实不容易，不论是站着或坐着，总是有强烈的灯光聚集在身上，总是觉得全身热烘烘的，汗水直往下流，这时还得留意脸上的妆是否已被汗水弄脱，否则银幕上所见的将是鼻尖太亮，或是额头反光，影片效果将大打折扣，所以要经常补妆。

海伦一站到摄影机前就浑身不自在，偏偏导演一下子要求她笑，一下子又要她皱眉沉思，她的情绪怎么可能转换得如此快呢？因此，有时在突然听指令后只有茫然发呆的分了。

一开始时，大家都未进入角色，因此，有许多不尽理想的地方。幸好那位扮演海伦少女时代的演员十分称职，她本人当然既不聋也不哑，可是却能把这个角色演得惟妙惟肖。为此海伦对她产生了很大的好感，而那位女演员由于扮演海伦，也很喜欢海伦。

另一位长得很美、笑起来很迷人的女演员饰演大学时代的她。这位女星一开始是以闭着眼睛表示眼睛看不见，可是她往往一不留神就睁开了眼睛，使得场边的工作人员忍不住捧腹大笑，她这时的表情实在太有趣了。

不过这位女演员倒是很乐意演这个角色，而她的演技也不差，尤其在演梦见希腊诸神的那场戏时，表现得最为传神，海伦个人最喜欢。

▶ 票房不佳

电影在接下来要介绍那些在海伦生命中有重要影响的朋友。问题是，那些曾经给她很大帮助的善心朋友，如亨利·庄梦德先生、马克·吐温先生以及布鲁克斯大主教等人都已去世，仍然活着的几位也都年事已高，与初遇她时相比，已变化很大。

当时，她曾经写信给贝尔博士，他很快就回信了，他在信上表示："看了你的信，让我回想起在华盛顿的那位小姐，在我眼中，你一直是当年的那位女娃儿。只要你乐意，任何事情我都可以去做，只是目前我身处异国，一时之间还无法返美。可是，你绝不能忘了我哦！想起我们首次见面时，我可不是个 71 岁的老头子，那时的我头上一根白头发也没有。你呢？当时只有 7 岁，如果真要拍写实电影的话，我想非得由别人来饰演不可。请你去找个没有白头发的英俊青年来扮演我。等到拍摄结尾时，我们再以目前的姿态登场好了。如此前后对照，我想一定很有趣吧？"

看了信后，她忽然想到一个很好的主意：对了！何不以象征性的场景介绍她的朋友出场呢？这也许效果更好。例如，安排她在两边都是洋槐的马路上散步，然后偶尔遇见贝尔博士与庄梦德先生，大家边聊边走，既有湖光山色之美，又显得比较自然。洋槐的树荫下，对又盲又聋的她而言是最合适不过了，她越想越觉得这是一个好主意。

可惜电影公司没有采纳她的建议，而是安排了一个大聚会的场面，让所有曾经帮助过她的人都一起出现在宴会上，包括那些已经去世的好友在内。

其中还有已经去世了 20 年的她最怀念的父亲。当然如布鲁克斯大主教、霍姆斯博士、亨利·庄梦德博士等都各有替身。最令她欣喜的是，她又见到了有近 20 年不曾见面的约瑟夫先生，他比她刚认识他时显得更活泼快乐。

影片拍完一大半，大家忽然发现这部片子缺乏高潮，换句话说，就是不够戏剧性。

"海伦一辈子没有发生过罗曼史，当然也没有伟大的恋人，她的一生太平淡了！"

"是嘛！干脆替她捏造一个恋人好了，让他们来一段恋爱戏如何？因为现在的电影如果没有这些插曲，似乎就注定不受欢迎。"

不过，导演自始就反对这种论调，认为是画蛇添足，反而会弄巧成拙。几经考虑，最后决定穿插几场比较戏剧性的场面。

加上去的几场戏，有一场是在一个名为"时间"的洞窟前，有一位脸色苍白、代表"知识"的小姐，与一位身材魁梧、代表"无知"的大汉互博，结果"知识"赢了，抱起了幼小的海伦。

另一个场是莎莉文老师试了各种训练方法，而年幼的海伦仍然听不懂时，她不禁跌入了灰心失望的深渊中，此时基督出现了，他对莎莉文老师说："要协助她幼小的心灵来到这儿，不要放弃她。"于是莎莉文老师再度鼓起了勇气。

由于掺入了各种突发奇想，使得影片的情节越来越离谱，变得缺乏真实感。尤其是结尾的一场戏，她现在想起来都觉得可笑，简直是异想天开。他们要她扮成和平使者，像圣女贞德一样骑着白马，走在游行队伍的最前面。谁知片场找来的这只白马十分活泼，跑起来的冲劲非常惊人。当时她一手握着喇叭，一手操纵缰绳，好几次都差点被摔下马来，因此她越来越紧张，一颗心七上八下，全身冒汗。头上的太阳又毫不留情地直射下来，额上的汗水像旋开了的水龙头直往下淌，连放在唇边的喇叭都满是汗水，吹起来咸咸的。

结果，海伦所参演的这部片子票房不佳。

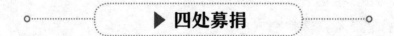

▶ 四处募捐

经过长期的组织策划，在许多人都认为有此必要的情形下，一个全国性盲人机构终于成立了，时值 1921 年。宾夕法尼亚州盲人协会会长是这一计划的发起人，在俄亥俄州举办的美国盲人企业家协会的年度总结会上，正式通过了这项决议。1922年，海伦和莎莉文老师都投入到了美国盲人基金会的工作中，虽然工作辛苦，可她们认为这值得。

纽约的 M. C. 麦格尔先生是该协会的首任会长。麦格尔先生在开始时完全靠朋友们的资助经营此协会，1924 年起，协会改变方针，决定向社会大众筹募基金，因此希望海伦和莎莉文老师参与其中。

从那时候开始，大约 3 年时间，她们跑遍了全国的每个角落，访问过 123 个大小城市，参加过 249 场集会，对 20 多万听众发表过演讲。此外，她们还动员了各种团体与组织，如报纸、教会、学校、犹太教会堂、妇女会、少年团体、少女团体、服务社团及狮子会等，他们都经常集会募款，大力赞助她们的活动。尤其是狮子会的会员，他们对残障儿童的照顾更是不遗余力，对盲人也赋予同样的关爱，因此，募款工作几乎成为会员的主要活动了。

有句俗话说："年过 40 岁的人，所有的事情大半都已经历过，再不会有什么值得喜悦的事了。"

不过上天似乎对海伦特别厚爱，就在她度过 40 岁生日不久，连续发生了好几件令她感到意外、喜悦的事。其中之一就是美国盲人事业家协会的创立。另一件是她们发起的募捐活动，得到许多人的大力支持，成果辉煌。第三件是由于美国盲人事业家协会的成立，使得盲文得以统一。不仅如此，第一座国立盲人图书馆成立了，政府还拨出一大笔经费来出版盲文书籍。紧接着，各州的红十字会也成立附属盲文机构，专门负责把作品翻成盲文。其后，又为那些在第一次世界大战中不幸失明的战士们掀起争取福利的运动。如此，她们长久以来的愿望终于得以一一实

成长关键词 →　自强、执着、仁爱

现，海伦感到非常宽慰。

1926 年冬，她们来到了华盛顿，其时正逢国会通过了有关拨款筹建国立盲人图书馆以及出版盲文书籍的提案，她们闻此喜讯信心大增，对未来充满了希望。

有一天下午，她与莎莉文老师前往白宫拜会了柯立芝总统。这位总统十分热情地欢迎她们，然后又很热心地听取她们向他报告有关盲人协会的情况，最后柯立芝总统拉起她的手放在自己的嘴唇上，告诉她：“我觉得你们所做的工作非常了不起，只要我能力所及，一定全力协助。”

这位总统说到做到，他后来还成为盲人协会的名誉总裁，而且捐了不少钱给基金会，连柯立芝夫人也一再表示要参与她们的服务工作。这位第一夫人真对聋哑者非常热心，替聋哑者争取了不少福利。

她们曾经拜访过盲人议员汤玛斯·希尔先生及赖辛浦夫妇，他们也都鼎力相助。另外，住在华盛顿的好友——贝尔博士的女儿艾露滋夫人也为她们向大众呼吁，使她万分感激。

在底特律，当地的残障者保护联盟会长卡米尔先生是她多年的好友，他十分热心地向市民们高呼。她们虽然只在该地集会一次，便募得 4.2 万美元。不仅如此，会后她们又陆续收到不少捐款，少则 1 美元，多则 4500 美元，光是这个城市的收获就很可观。

费城的募款也很成功，募捐委员会的委员莱克博士十分热心地向民众劝募，仅仅一个星期就募到 2.2 万美元。

圣路易、芝加哥、水牛城等地的反应比较冷淡，可是在罗契斯特这样的小地方反而募到了 1.5 万美元之多。

众所周知，电影明星的生活远比一般人富裕，海伦预计可以得到他们的大力支持，可是结果令人大失所望。她连续寄了无数封信到洛杉矶去，回信却只有一封，那是一位名叫玛丽·白克福的女明星寄回来的，其他人则无只言片语的反应。为此，她们对于玛丽及其夫婿道格拉斯·费蒙先生的好意格外感激。

在此次旅行途中，她们曾经走访了圣罗拉的农业试验场，那里的负责人鲁沙·巴本克先生像创造奇迹般地把过去在此处无法生长的许多种水果、花草、树木等栽植成功，是一位了不起的农艺家。巴本克先生不但慷慨解囊，而且非常热心地引导她们参观了试验场。他要她去摸他所培植的仙人掌，并且告诉她，沙漠中的仙人掌有许多刺，一般家庭如果栽植常会刺伤手，他则加以改良，让她摸的这种仙人掌就是没有刺的。果真，仙人掌摸起来光滑平顺，而且是那种充满水分的饱满感觉，令她联想到这东西吃起来一定很可口。

后来，海伦为了写书很少外出募捐，但她们的工作还没有完，仍差150万美元才能达到原定的目标，所以她整理完书稿就得再度出发。值得欣慰的是，她们过去的奔波总算没有白费，虽然两年没有进行募捐活动，但很多人已经知道她们的存在，因此仍有人陆续汇款过来。大富翁洛克菲勒、麦克尔先生等人，都捐了不少钱。捐款的人不计其数，已经无法一一列举他们的姓名，然而她们对每一位捐款的善心人的感激都是一致的，他们的爱心将温暖每个盲人的心，而且将世代传下去。

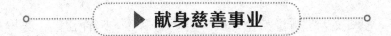

▶ 献身慈善事业

1928年，海伦完成了自传《我的后半生》的初稿。她顾不得休息，就和莎莉文老师、汤姆逊小姐到全国各地去演讲募捐了，目的是达成盲人事业家协会所订的基金目标：募捐100万美元。

海伦充满热情，莎莉文老师又比较善于表达，她们的演讲获得巨大的成功。听众们从海伦她们口中才知道，美国有这么多的盲人生活困难，需要关心。他们当中，很多人都是流着泪把钱投到募捐箱里的。

她们白天进行演讲，晚上还要把这些大小面额不等的钱币一张张整理好，按不同的面额分成几份，登记出总的数目，然后再把它们汇到盲人事业家协会。

虽然每天几乎都要工作到后半夜，但她们都乐此不疲。莎莉文老师已经是68岁的高龄了，多年来辛勤的工作使她的眼睛状况越来越坏。医生说，如果不进行手术的话，将要双目失明了。

海伦的一生都备受了失去光明的痛苦，她当然不希望亲爱的老师也重蹈她的覆辙。

海伦考虑了很久之后，决定陪老师去做眼睛的手术。

"老师为我辛勤了一生。现在的眼病，也是因为多年来为我读书才加重的。如今，我所能够做的，就是陪伴在老师的身边，帮助老师恢复健康。"

汤姆逊小姐问她："难道演讲的事情就此中止吗？"

海伦说："老师的眼睛如果得不到及时治疗，她就会成为不幸的盲人中的一员。我们陪伴老师治疗，本身就是在进行我们的事业呀。"

莎莉文老师听说海伦要放下盲人的事业，陪伴自己，心里又是感动，又是不安，说："我一个人去动手术就好了，你们可以留在波士顿继续演讲。"

海伦认真地说："如果听众在台上找不到机智、风趣的莎莉文老师，便不肯掏出他们的钱来呢。您治好了眼睛以后，我们可以多安排几次演讲嘛。"

莎莉文老师这才同意了海伦的建议。庆幸的是，手术非常顺利。

这年10月，海伦和莎莉文老师、汤姆逊小姐一行三人来到英国的伊斯卡。她们租了一栋小房子，让莎莉文老师做术后的疗养。

伊斯卡是个风景优美的小镇。海伦她们在此度过了两个多月的时光。

小镇的生活是清闲而舒适的。可海伦的心却一天天紧张起来，她一直在惦念为盲人募捐的事业呢。

莎莉文老师是个细腻的人，她看出了海伦的心思，就劝说她："我的眼睛恢复得很好，我们完全可以回国继续组织演讲。而且，在这里住这么久，我真有点想念美国了。"

海伦这才高兴起来。大家收拾了简单的行李，在圣诞节前坐船回了美国。

回到美国不久，她们就接到费城的邓普大学的来信：

海伦·凯勒小姐：

您和莎莉文小姐为世界的盲人事业做出了巨大的贡献，令我们无限敬佩。为了表达邓普大学全体成员的敬意，我们决定授予您和莎莉文小姐荣誉博士学位。请接受。

汤姆逊小姐把信的内容告诉海伦和莎莉文老师，她们都非常自豪。

邓普大学在美国是一座享有盛誉的高等学府，是许多青年学生梦寐以求的地方，现在，他们要把荣誉博士的头衔颁发给海伦她们，这是多么荣耀的事呀！

更为重要的是，这件事本身就可以给所有的身体有残疾的人莫大的鼓舞。她们怀着庄重的心情接受了这份光荣的头衔。

1931年4月，第一届世界盲人大会在纽约举行。海伦接受邀

成长关键词
自强、执着、仁爱

请，在大会上代表主办单位对来自世界各国的盲人代表致欢迎词，代表们对于海伦作为主办人之一都非常高兴。对于海伦的发言，他们报以热烈的掌声。

海伦是这样的具有感染力，大会如果没有她，简直不能想象会是什么样子。大家决定，让海伦负责主办盲人招待会。

海伦、莎莉文老师、汤姆逊小姐忙得不可开交，虽然很累，但是她们非常开心。

这年夏天，海伦又决定成立一个海伦·凯勒基金会。这个基金会将把所募集的基金用来解决世界盲人的困难。

为了获得足够的基金，海伦和莎莉文老师、汤姆逊小姐又访问欧洲各国。她们求见各国政府的首脑，向他们讲述盲人面临的各种困境，请他们重视盲人问题，解除盲人的痛苦。

英国国王乔治五世和南斯拉夫的亚历山大皇帝对海伦这样一个聋盲女子，能够不顾自身残疾去为其他盲人谋求福利的精神感动不已。他们亲切地接见了海伦，和她谈了许多有关解决盲人困难的问题，他们都很赞同海伦的见解。

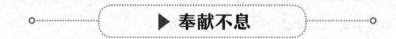

▶ 奉献不息

1932 年春暖花开的时候，海伦她们又一次来到英国。她们访问英国的各所学校、医院，发表演讲。有的时候，一天就要演讲五次。这对于两个五六十岁的女子来说，是多么辛苦的事。可海伦和莎莉文老师却愿意为此受累。

玛丽皇后一直让海伦坐在自己身边，她握着海伦的手，给她讲园游会的每一个场面。

玛丽皇后一点都没有皇后的架子，海伦握着她的手，觉得很温暖。那感觉，让海伦想起童年时妈妈的手。

这时，英国的格拉斯哥大学又决定授予海伦法学博士学位。

苏格兰的教育学协会也郑重邀请海伦和莎莉文老师加入协会。汤姆逊小姐告诉她们，这种荣耀，只有苏格兰当地的学者们才可以享受。她们是绝无仅有的两个外国人！

这可是国际友人对她们从事盲人教育事业的肯定呀。她们激动地接受了邀请，在入会的誓词里，海伦和莎莉文老师表示：愿意把毕生的精力献于盲人教育事业。

1936 年 10 月，莎莉文老师在旅途中不幸去世。共同度过了 50 年生活的老师的突然离去，对海伦而言，是个严酷的打击。她长时间陷入悲痛之中而不能自拔。

在热心人的关怀下，海伦终于从痛苦中解脱，她逐渐醒悟："老师期望于我的，是我能继承她的遗志，继续为不幸的人尽我的心力。"海伦决心为全世界盲人贡献自己。

1945 年，第二次世界大战结束。战争所带给人们的不仅是田园的荒芜，还有身体和心灵的创伤。很多人在战争中失去了双眼，战争使更多的人生活在不幸之中。

欧洲各国是"二战"的主要战场，那里受灾的情况最严重。海伦收到无数的从欧洲各国寄来的求援信件。求援者们多数是盲人，他们向海伦陈述他们无依无靠的生活状况。

海伦决定访问欧洲各国，调查那里的盲人们的生活状况。

来到欧洲，海伦发现，战争使欧洲经济极为萧条，不仅是盲人，还有许多在战争中受伤的军人也都生活艰苦。而当时的人们，忙着复兴其他的事业，这些残疾的人便被人们忽略了。

海伦每天穿梭于不同的城市，发表演说，访问政府，为这些病弱的人们呼吁，希望各界人士关注他们，对他们展开救济。

1956 年，海伦收到来自柏金斯盲童学校的一封信：

尊敬的海伦·A. 凯勒小姐：

60 多年以前，莎莉文老师和您相继毕业于本校，你们为盲人事业做出的巨大贡献也使柏金斯盲校在众多的盲校中熠熠生辉。为表达对您的敬意，我们修筑了一幢宿舍命名为"凯勒—麦西宿舍"，敬请您于 11 月参加宿舍的竣工揭幕仪式。

海伦捧着邀请函，激动得长时间说不出话来。"要是莎莉文老师还活着，这对她该是多么大的安慰呀！"带着对老师的思念，海伦重返了柏金斯盲校。

学校的许多地方都改变了。可是 60 年前的那个地球仪却还立在原来的地方。海伦触摸着地球仪，告诉汤姆逊："这是莎莉文老师第一次带我来柏金斯盲校时教给我的第一样东西。"

许多人都被邀请来参加揭幕仪式。

在校园新建的入口处，校长发表了简短的演说词之后，就请海伦为新建宿舍揭幕。

海伦的手触摸着，摸到了一根绳子。她知道，只要她拉动一下，幕布就会落下来。

海伦握着绳子，心里默默地说："老师，我是代表您来此地揭幕的。"

海伦拉了一下绳子，幕布落下来了。一块崭新的匾额显露出来。

匾额上有几个凸起的字：凯勒—麦西宿舍。

揭幕仪式上，海伦宣读了对新建筑物的献词：

"我们有三个目的：第一，教育聋盲男女儿童；第二，培养教育聋盲儿童的教师；第三，探讨教育聋盲青年的方法。"

大家对海伦的话报以热烈的掌声。

因为海伦对盲人事业的杰出贡献，联合国决定于 1959 年在联合国大厦举行仪式，表彰海伦对人类的杰出贡献。

各国代表都应邀参加，并且都一一发了言。他们盛赞海伦对人类的贡献，推崇她无私的爱心，向她传达各国人民对她的敬意。

还有更让海伦高兴的事呢。

为了庆祝她 80 岁生日，联合国又募捐了 125 万美元，创立了"海伦·凯勒国际奖"，并组成了"海伦·凯勒 80 岁纪念财团"。

"海伦·凯勒国际奖"将每年颁发一次，发给那些为盲哑教育做出卓越贡献的人。而"纪念财团"的主要宗旨在于救济那些经济落后国家的盲人。

在海伦 80 岁生日这一天，世界上很多地方都为海伦举办了盛大的庆祝仪式。纽约的华克纳市长公开宣称：以后每年的 6 月 27 日都将作为"海伦·凯勒纪念日"而被人们永远记住。

许多人都以为，已经过了 80 岁的生日的海伦，该躺在家里享享清福了。

可海伦却说："不，一直到死为止，我都要不停地工作。这是上帝赋予我的任务，也是莎莉文老师对我的期望。"

就这样，海伦一直工作到 1968 年。这一年 6 月 1 日，海伦永远地放下了工作，停止了她奋斗的一生。

名人名言·思想

1. 理智要比心灵为高，思想要比感情可靠。

——[苏联] 高尔基

2. 刻板，就是因为他们专心一意奔向一个目标而无暇旁顾。

——[美] 邓　肯

3. 共产主义不仅表现在田地里和汗水横流的工厂，它也表现在家庭里、饭桌旁，在亲戚之间，在相互的关系上。

——[苏联] 马雅可夫斯基

4. 人类被赋予了一种工作，那就是精神的成长。

——[俄] 列夫·托尔斯泰

5. 人在智慧上应当是明豁的，道德上应该是清白的，身体上应该是清洁的。

——[俄] 契诃夫

6. 良心是由人的知识和全部生活方式来决定的。

——[德] 马克思

7. 阴谋陷害别人的人，自己会首先遭到不幸。

——[古希腊] 伊　索

8. 我笑，便面如春花，定是能感动人的，任他是谁？

——三　毛

9. 只有真的声音，才能感动中国的人和世界的人；必须有了真的声音，才能和世界的人同在世界上生活。

——鲁　迅

第十章　感动世界

美国盲聋女教育家、作家

名 人 年 谱

海伦·凯勒

1880 年 6 月 27 日，出生在美国亚拉巴马州塔斯坎比亚。

1882 年 1 月，因患猩红热致盲致聋。

1887 年 3 月，安妮·莎莉文成为海伦的老师。

1899 年 6 月，考入哈佛大学雷德克里夫女子学院。

1902—1903 年，撰写出版《我的生活》（又译作《我生活的故事》）。

1904 年 6 月，以优等成绩大学毕业。

1908—1913 年，著《我的天地》（又译作《我生活中的世界》）《石墙之歌》《冲出黑暗》。

1916 年，遭受恋爱不幸。

1919 年，应邀去好莱坞主演电影。

1924 年，成为美国盲人基金会的主要领导人。

1929 年，著《我的后半生》（也译作《中流——我以后的生活》）。

1930 年，旅游英国。

1931—1933 年荣获坦普尔大学荣誉学位。访问法国、南斯拉夫、英国。

1936 年 10 月 20 日，老师安妮·莎莉文去世。

1942—1952 年，出访欧、亚、非、澳各大洲十三国。

1953 年，美国上演反映海伦生活和工作的纪录片《不可征服的人》。

1955 年，著《我的老师》，荣获哈佛大学荣誉学位。

1959 年，联合国发起"海伦·凯勒"世界运动。

1960 年，美国海外盲人基金会颁布"海伦·凯勒"奖金。

1964 年，荣获总统自由勋章。

1968 年 6 月 1 日，与世长辞。